山东师范大学第二附属中学

本书系山东省教育教学研究重点课题《

校本课程开发研究》成果，课题编号：2018JXZ1021

体验与成长

房　静　主编

山东城市出版传媒集团·济南出版社

图书在版编目（CIP）数据

体验与成长／房静主编 . —济南：济南出版社，
2020.9（2024.2重印）

ISBN 978-7-5488-4473-0

Ⅰ . ①体… Ⅱ . ①房… Ⅲ . ①中学 – 课程建设 – 研究
Ⅳ . ① G632.3

中国版本图书馆 CIP 数据核字（2020）第 166792 号

出 版 人	崔　刚
责任编辑	朱　琦　代莹莹
装帧设计	帛书文化
出版发行	济南出版社
地　　址	济南市市中区二环南路 1 号（250002）
编辑电话	（0531）86131727
发行电话	（0531）67817923　82924885
印　　刷	山东百润本色印刷有限公司
版　　次	2020 年 9 月第 1 版
印　　次	2024 年 2 月第 2 次印刷
成品尺寸	170 mm×240 mm　16 开
印　　张	14.25
字　　数	200 千
定　　价	59.00 元

编　委

主　编：房　静

副主编：毛利新　齐璐璐

编　委：闫龙敏　李兴柱　郭燕飞　韩荣梅　李　强

　　　　曹明红　吕天琪　滕　南

序

　　新课改以来，随着我国三级课程管理体制的确立和推进，校本课程成为我国中小学课程结构中不可或缺的重要组成部分。校本课程的开发与实施改变了学校课程体系中国家课程包打天下的单一课程结构，可以有效弥补国家课程地域性和针对性不强、学科活动体验积累不足等天然缺陷，在基础教育落实生本教育理念、增强课程适应性、促进学生差异发展等方面发挥了举足轻重的作用。然而，由于对校本课程功能定位的认识偏差和根深蒂固的应试教育思维，当前部分中小学校本课程的开发与实施出现了课程门类虚设、课程资源匮乏、课程内容知识化、课程形式单调、忽略学生生活体验和学习经验等突出问题，导致校本课程对国家课程的补位功能旁落，校本课程的存在价值大打折扣。

　　2020年教育部发布了《普通高中课程方案（2017年版2020年修订）》和各学科课程标准（2017年版2020年修订），强调在教学内容上要"充实丰富培养学生社会责任感、创新精神、实践能力相关内容""提高学生综合运用知识解决实际问题的能力"，并在继续强调三维目标的同时，增加了"学科活动体验"这一新的课程目标维度，以强化学生的体验探究，促进学生创造性的发展。而"学科活动体验"这一维目标，不仅需要通过国家课程的活动化实施来实现，还需要通过开发活动型的、体验式的校本课程来支持和落地。在这一背景下，如何在校本课程开发中调整课程的类型、增加体验学习

的比重、突显体验学习的价值，就成为当下校本课程建设中备受关注的重要
课题。

体验学习并非现在才有的新鲜名词，而是在东西方教育思想中早就强调
的一种学习方式。在西方，从古希腊苏格拉底"产婆术"提倡引导学生自主
探索，到20世纪杜威提出的"做中学"，再到当代"体验学习之父"库伯提
出的"体验学习圈理论"、构筑体验学习的经典模式，都在强调体验学习在
促进学生成长中的重要价值。在中国，自古就有"知行关系之辩"，从先秦
荀子的"道虽迩不行不至，事虽小不为不成"，到宋代朱熹的"知之愈明，
则行之愈笃；行之愈笃，则知之益明"，陆游的"纸上得来终觉浅，绝知此
事要躬行"，再到清代颜元的"心中醒，口中说，纸上作，不从身上习过，
皆无用也"，还有民国时期陶行知的"行是知之始，知是行之成"，最后到
毛泽东提出的"实践出真知"，这些伟人志士无一不在强调践行和体验对于
个体求知的支撑作用。承续这些思想的精髓，在当下的校本课程实践中，相
对于书本学习的接受性、间接性、认知性等特点，体验学习具有主体性、情
境性、反省性等突出特点，可以增强校本课程的吸引力，助力学生的深度学
习，沉淀学生的活动体验，为学生未来的创造创新铺路奠基。因此，在中小
学开发和实施回归体验学习的校本课程，承继历史，立于当下，接续未来，
可谓正当其时。

正是基于对校本课程开发中存在问题的持续反思和对体验学习价值的深
刻认识，山东师范大学第二附属中学在房静校长的带领下，于2017年成功申
报并启动了省级研究课题"促进学科核心素养提升的初中体验式校本课程开
发研究"。这一课题从研究伊始就充分关注了建大校区中学部的已有教学经
验和学生发展需求，利用校内外各类课程资源，通过顶层设计和系统建构，
以系列化主题实践活动为基本内容，以情境创设和活动体验为基本方式，突
出"行走"特点和自评反省，开发了分学科体验式校本课程（如小课题研

究）和跨学科体验式校本课程（如大学巡游课程和博物馆巡游课程）两大类课程，形成了完整的、全面促进学科核心素养提升的体验式校本课程体系。

作为学校提升的重要支柱，课程建设引领着学校的内涵发展。历经三年多的实践和探索，山东师范大学第二附属中学体验式校本课程体系日臻完备，成为学校课程建设和学校整体发展的全新里程碑。随着体验式校本课程的开发与推进，山东师范大学第二附属中学学生的思想道德、科学文化和健康素质得到全面发展，创新精神和实践能力明显增强，涌现出了一批专家型、科研型名师，学校办学特色日益突显，社会知名度不断攀升，实现了由优质学校向特色名校的跨越式发展。今天，房静校长带领她的团队，抽丝剥茧，条分缕析，将体验式校本课程开发的阶段性成果和在开发、实施过程中积累的有价值的经验加以整理概括，在这本书中呈现出来，一方面帮助自己深度反省体验式校本课程开发中存在的问题，便于后续的改进与完善，另一方面为其他学校课程建设水平的整体提升提供有益的经验借鉴。

这一成果，实现了体验学习理念由学习方式向课程开发的转变，实现了培养学生核心素养由单纯依靠课堂教学向以多种方式渐次推进的转变，可以有效弥补和改进当前校本课程的不足，是落实立德树人根本任务的一种有益探索，值得我们继续深入研究，并在实践中不断总结、反思和完善。期待房静校长和她的团队在体验式校本课程的研发之路上，继续砥砺前行，结出更加丰硕的研究成果！

是为序。

曾继耘

2020年8月

CONTENTS | 目 录

目 录 | CONTENTS

第三章 促进学科核心素养提升的初中体验式校本课程的实践探索

目 录 | CONTENTS

前　言

　　2014年教育部《关于全面深化课程改革、落实立德树人根本任务的意见》中明确提出"研究制定我国各学段学生发展核心素养体系"，促进基于核心素养进行课程改革和建设的研究，这是首次在国家文件中出现"核心素养"一词，引起了教育学术界和各级教育部门和机构的广泛关注。2016年9月，中国学生发展核心素养面向社会公布，主要指学生应具备的、能够适应终身发展和社会发展需要的必备品格和关键能力。中国学生发展核心素养，以科学性、时代性和民族性为基本原则，以培养"全面发展的人"为核心，分为文化基础、自主发展、社会参与三个方面。综合表现为人文底蕴、科学精神、学会学习、健康生活、责任担当、实践创新六大素养，具体细化为人文积淀、人文情怀、审美情趣、理性思维、批判质疑、勇于探究、乐学善学、勤于反思、信息意识、珍爱生命、健全人格、自我管理、社会责任、国家认同、国际理解、劳动意识、问题解决、技术运用等十八个基本要点。研究学生发展核心素养是落实立德树人根本任务的一项重要举措，也是适应世界教育改革发展趋势、提升我国教育国际竞争力的迫切需要。

　　学生发展核心素养的培养和提升主要依靠学科课程的学习和实践，核心素养是知识、能力与态度的跨学科整合，而"学科核心素养"可理解为"本学科在发展学生核心素养中的侧重点及贡献"，核心素养和学科核心素养体现着学科之间共同育人价值和学科独特育人价值的有机结合。[1]《普通高中

---

[1]辛涛.学生发展核心素养研究应注意几个问题[J].华东师范大学学报（教育科学版），2016（1）：6-7.

课程方案》和语文等学科课程标准（2017年版）将学科核心素养定义为：学科育人价值的集中体现，是学生通过学科学习而逐步形成的正确价值观念、必备品格和关键能力。

体验式校本课程是在充分关注学生已有经验和发展需求的基础上，以培养学生的正确价值观念、必备品格和关键能力为目标，以系列化主题实践活动为基本内容，以情境创设和活动体验为基本方式的一种课程形态，提倡以学生为主体，增强学生的学科活动体验，有利于促进学生学科核心素养的提升，促使学生成长为一个"全面发展的人"。

本书主要从理论上追溯体验式校本课程的发展过程，从实践上探索提升学生学科核心素养的具体方法。细化来说，本书根据中国学生发展核心素养以及高中新课标所规定的学科核心素养培养目标，在分析了初中学生的认知发展水平及身心特点的基础上，基于已有相关资料和初中课程标准的要求，凝练体验式校本课程的特点，形成体验式校本课程的课程目标和开发的基本规范。同时，围绕体验式校本课程目标制定体验式校本课程开发及实施规划并将其付诸实践，对实践层面进行深度探讨并附以案例分析。

本书对体验式校本课程开发研究进行全面的剖析。体验式校本课程开发实现了体验式理念由学习方式向课程开发的转变。以往的体验式学习或体验式教学改革更多地聚焦于学习方法的改变，是从体验式学习方式的角度来理解和落实体验式教育理念的。诸如此类改革的教学主要关注三维目标，学科内容多以书本知识为主，加入了体验式的学习方式。此类教学改革提供的体验活动往往比较单调、零散、肤浅，难以从根本上改变学生学科活动体验匮乏的缺陷。而体验式课程不是简单的学习方式的微调整，而是按照体验式学习理念，从课程整合的角度对学生学科活动体验的重新系统建构。实际上，要想带给学生真正意义上比较深刻的学科活动体验，就必须从课程开发的角度进行。

体验式校本课程开发实现了学科核心素养由单纯依靠课堂教学转向以多种方式渐次推进。以往学科核心素养的落实主要依靠课堂教学，通过教学内容的不断增加、教学方式的不断更新来落实，渠道比较单一。体验式校本课程的开发则拓宽了学科核心素养的落实途径，实现了学科核心素养由单纯依靠课堂教学转向更加丰富多样的实践体验。

此外，体验式校本课程的开发还实现了体验式活动主题由零散化到体系化的转变。以往的体验式活动都是对课程知识简单的拓展或添加相近的学科知识，并没有形成体系或主题，学生在进行体验式学习的过程中总是在东拼西凑，不能形成知识的整体架构。而聚焦于学科核心素养的体验式活动主题的建立，则可以使原有的零散化的知识目标转向体系化的任务主题，综合发展学生的学科体验活动。

第一章

绪　论

一、体验式校本课程开发的缘由

为培养新一代实用型、创新型人才，提高学生的学科核心素养，人们呼吁教育工作者探索更加行之有效的课程设置。体验式学习因其提倡以学生为主体，增强学生的学科活动体验，近年来越来越受到人们的关注。

（一）学科核心素养的提升是目前基础教育课程改革关注的重点

2017年12月29日教育部发布了《普通高中课程方案》和语文等学科课程标准（2017年版）。《方案》中明确提出："普通高中的培养目标是进一步提升学生的综合素质，着力发展核心素养，使学生具有理想信念和社会责任感，具有科学文化素养和终身学习能力。"此次课程标准的修改力度较大，并首次提出凝练学科核心素养。学科核心素养就是学生通过学科学习而逐步形成的正确价值观念、必备品格和关键能力。可以预见，促进学生学科核心素养的提升，将是今后基础教育课程改革的重要内容。

此外，以往的课程改革主要侧重于教学方式方法的转变，诸如将讨论

式、互动式、探究式等教学方法应用于课堂教学，而诸如此类教学方式方法的改革目的不够明确，改革过程没有清晰的聚焦目标。现如今学科核心素养的提出就使得整个课程改革的目标更加明晰，并且在总的核心素养体系的引领下，提升学科核心素养已然成为基础教育课程改革关注的重点，是基础教育改革发展的新方向。

（二）校本课程是落实学科核心素养的重要载体

学生发展核心素养进一步回答了"培养什么样的人"这一问题，这也是基础教育阶段学校要实现的人才培养目标。"培养目标的实现，主要依赖于学校所设置的课程"。[1]课程是在学校教育系统中培养学生核心素养的基本载体，但是国家课程具有普适性，很难兼顾地域特点、学校特色以及学生个性化需求，更多的是关注学生知识的储备以及各方面技能的提高，校本课程的开发和实施在很多方面可以弥补国家课程特色不突出、针对性不强的缺憾，有利于更好地促进学生学科核心素养的提升。

早在2001年9月，国家就出台了《基础教育课程改革（试行）》，明确提出基础教育课程改革的目标之一是"改变课程管理过于集中的状况，实行国家、地方、学校三级课程管理，增强课程对地方、学校及学生的适应性"，从而确立了校本课程开发的合法地位。随着新课程改革的不断推进，各地中小学逐步认识到开发校本课程的重要性，并积极行动起来。校本课程的开发有利于更好地实现学校的培养目标、体现学校的办学特色，有利于国家课程、地方课程和学校课程更好地实施，有利于实现课程的多样化，有利于学科核心素养更加有效、更加全面地落实。因此，校本课程是全面落实学科核心素养的重要载体。

---

[1] 施良方. 课程理论—课程的基础、原理和问题[M].北京：教育科学出版社，1996:92.

（三）体验式校本课程是促进学科活动体验的有效途径

新修订的《基础教育课程改革纲要》明确提出要改变课程内容"难、繁、偏、旧"和过于注重书本知识的现状，加强课程内容与学生生活以及现代社会和科技发展的联系，关注学生的学习兴趣和经验，精选终身学习必备的基础知识和技能。改变课程实施过于强调接受学习、死记硬背、机械训练的现状，倡导学生主动参与、乐于探究、勤于动手，培养学生搜集和处理信息的能力、获取新知识的能力、分析和解决问题的能力以及交流与合作的能力。2017年教育部发布的《普通高中课程方案》和语文等学科课程标准（2017年版）强调，在教学内容上要"充实丰富培养学生社会责任感、创新精神、实践能力相关内容"，"更加强调提高学生综合运用知识解决实际问题的能力"。新修订的课程标准，除了继续强调三维目标以外，各学科基本都增加了学科活动体验的课程目标，通过学科活动体验目标的实现来为学生创造能力的提升奠定基础，增强学生的体验探究能力。而学科活动体验课程目标的实现不仅需要国家课程的支撑，还需要一些活动型的、体验式的校本课程来支持。原有校本课程侧重开发知识巩固性、知识拓展性或知识深化性的课程，对活动体验式课程的开发却寥寥无几，致使学生的学科活动体验能力得不到有效的提升。因此，体验式课程的开发和实施是促进学生学科活动体验的有效途径。

二、体验式校本课程的发展过程

体验式校本课程的开发要追溯到校本课程理论在我国的普遍施行，有了校本课程这一成熟课程形式的依托，紧接着体验式的理念进入我国，体验式校本课程的思想也就应运而生。

（一）源于校本课程

"校本课程（School-based courses）"一词最早是由菲吕马克（Furumark. A.M）和麦克米伦（MC.Mullen.I）于1973年在爱尔兰阿尔斯特大学召开的国际课程研讨会上提出的。在20世纪后期，校本课程开始推广到日本、美国、英国、加拿大等国，各国鼓励各学校设计具有特色的校本课程。[1]国内外关于校本课程的研究比较丰富，主要涉及校本课程开发的意义、模式、过程、实践反思以及校本课程开发中教师的作用与成长等内容，已经形成了颇有成效的理论研究成果和实践开发模式，为校本课程的进一步开发奠定了基础。例如，李介在《国外校本课程开发模式带给我们的启示》[2]中介绍了国外的目标模式、过程模式、实践模式和情境模式这四种校本课程开发模式；王斌华[3]在其对美国校本课程开发历程的研究基础上，从学校领导、教师和学生等角度提出了影响校本课程开发的校内因素以及政府教育部门和立法机构等校外因素；胡献忠从课程的民主性、师生的主体价值、课程认同感以及政府、教师和课程专家的良性互动等方面分析了校本课程开发的意义；等等。

---

[1] 崔允漷. 校本课程开发：理论与实践[M]. 北京：教育科学出版社,2000:36-38.

[2] 李介. 国外校本课程开发模式带给我们的启示[J]. 教育理论与实践，2010（26）.

[3] 王斌华. 美国校本课程开发[J]. 教育科学，2002（5）.

但校本课程研究中仍存在诸多问题。比如：有些学校校本课程开发主要着力于音乐、美术、体育等学科，导致校本课程副科化、边缘化；部分学校校本课程的目标定位模糊不清，导致校本课程开发盲目跟风、简单模仿、增负低效；还有些校本课程开发缺乏规范意识，课程要素残缺不全，没有形成校本课程准入、改进、退出的良性发展机制；等等。这些问题都急需通过系统化的校本课程理论与实践研究来加以完善。若想校本课程更加顺畅地发展，校本课程则应该摆脱"形式主义"的牵绊，真正走向以生为本的道路。

（二）基于学科核心素养

学科核心素养与学生发展核心素养概念的提出密切相关。关于核心素养的研究是从核心素养概念界定开始的，同时对相应的目标以及评价做系统分析，形成比较一致的取向。例如，国际经济合作组织（OCED）、欧盟和美国发布的核心素养体系都认为，核心素养必须要统筹个体发展和社会发展的双重取向，核心素养绝不是各发展要素的简单叠加，而是集知识、能力、态度、价值观和情绪发展于一体的集合体。我国关于核心素养的研究始于2014年教育部颁布的《关于全面深化课程改革、落实立德树人根本任务的意见》，且此概念一经提出就得到了教育工作者的广泛关注。2016年北京师范大学课题组发布了中国学生核心素养体系，将核心素养界定为学生应具备的、能够适应终身发展和社会发展需要的必备品格和关键能力。2017年末，教育部发布了新版的高中课程标准，对每一个学科的核心素养都进行了明确规定，为学生核心素养在高中教育教学中的落地指明了方向。例如，高中语文学科核心素养包括语言建构与运用、思维发展与提升、审美鉴赏与创造、文化传承与理解四大学科核心素养。

高中学科核心素养为初中阶段落实学生发展核心素养提供了指导与借

鉴。但是，区别于高中、小学，初中阶段学科核心素养的重点内容是什么，哪些内容可以在国家课程和地方课程框架内有效落实，又有哪些内容需要借助校本课程开发来更好地落实等，这些问题的解答都促使教育研究者和一线教师寻找更加有助于提升学生学科核心素养的课程体系。故而，当体验式教育理念落入大家的视野时，一线教师和教育研究者们产生了将学科核心素养乘着体验式课程的"快车"疾驰的共鸣。

（三）成于体验式校本课程

体验式课程理念源于体验式教学理念，因研究初始并没有细分体验式课程与体验式教学，所以很多人将体验式课程与体验式教学混在一起进行研究，因而起初关于体验式课程的研究并不多见，但关于体验式教学却已有一定的研究基础。例如，著名教育家哈恩最先将体验式教学作为可研究的学习方式进行开发。鉴于学生自信心的缺失，他研制了一套为学生提供挑战以及突破自我机会的学习方式；美国社会心理学的创立者库特·勒温（Kurt Lewin，1890–1947）通过行动研究与实验室训练，研究了体验式教学的一般过程：以学生的具体经验开始，搜集并观察学生的实践体验，然后对搜集的资料加以分析形成结论，再将结论反馈给学生，在新一轮的实践体验中继续为学生所用，以改进他们的行为技巧。

国内体验式教学的理论研究比较丰富，一般认为，体验式教学是指根据学生的认知特点和规律，通过情境创设使学生在亲身实践体验和反思过程中理解并建构知识、发展能力、产生情感、生成意义的教学观和教学形式。例如，庞维国认为，"直接经验与反思"是体验式教学的不变特征，教师应重点把握经验构建和学习反思这两个教学中心环节，教师可以引导学生通过亲身经历某事或从心理上对自己或他人的"经历"的再重现来进行体验式教学。有研究者提出体验式课程是体验式教学中细分的一个研究领域。例如，王静静根据体验式学习理论和互联网技术，提出了"微博体验式课程"，并概括了该课程的情境性、体验性、亲历性、开放性、整体性、灵活性等特点，提出了基于微博的体验式课程设计模式，并依次从微博班级创建、微博教学支持、教师微博、学生微博四个方面进行体验式课程平台整体框架构建和设计。[1]

总体来看，教育研究者们已经关注到"体验"对于学生学习、知识构建、学习习惯和能力发展以及情感态度提升等的重要作用，并探索形成了体验式教学的基本理论，体验式教学模式的建构也已经取得一定的成果。但现有研究大多数都是将"体验式"作为一种教学理念或教学方法穿插到课堂教学中，少有从课程建设来落实体验式学习的基本思想的，具有实践操作性和实践指导意义的体验式课程开发研究更是寥寥无几。鉴于此，本研究试图在明晰初中生核心素养的基础上，聚焦学科核心素养，将体验式理念与校本课程相结合，在体验式校本课程的开发与实践中，形成体验式校本课程开发的基本模式，助力初中生学科核心素养的提升。

三、体验式校本课程相关词语的理解

（一）学科核心素养

教育部关于《全面深化课程改革、落实立德树人根本任务的意见》于

---

[1] 王静静. 基于微博的体验式课程设计研究[D]. 南京邮电大学，2015.

2014年3月正式印发，这份文件中有个词语特别引人关注——核心素养，提出了各学段学生发展核心素养体系，明确学生应具备的、能够适应终身发展和社会发展需要的必备品格和关键能力，突出强调个人修养、社会关爱、家国情怀，更加注重自主发展、合作参与、创新实践。基于核心素养概念的提出，《普通高中课程方案》和语文等学科课程标准（2017年版）将学科核心素养界定为：学科育人价值的集中体现，是学生通过学科学习而逐步形成的正确价值观念、必备品格和关键能力。

（二）校本课程

直到20世纪90年代末期，我国的校本课程研究才伴随课程改革全面展开，期间颁布的各项政策明确了国家、地方和学校三级课程管理体系，伴随着这一系列的课程改革举措以及学校彰显办学特色和个性化需求的不断提高，校本课程的研究得以迅速发展。21世纪初，国内大多数研究学者多是围绕校本课程内涵和基本开发理念展开研究，因此，综合现阶段已有研究，将校本课程理解为：学校在保证开齐开全并确保国家和地方课程的效果的前提下，对本校学生的需求进行科学评估，充分利用当地社区和学校的课程资源开发的多样性的、可供学生选择的课程。

（三）体验式校本课程

"体验"一词在现代汉语词典中的解释为[1]："通过实践来认识周围事物；亲身经历。"由体验解释的意义可以发现：①体验需要通过一定的实践活动才能发生；②体验是为了形成对周围事物的概念；③体验需要体验

---

[1] 现代汉语词典（第五版）[M]. 商务印书馆, 2005:1342.

者的亲自参与才能够实现。由此可见，体验式课程的开发及实施是否能够达到体验式课程的目标，需要对体验式课程进行研究才能评价。综合学术界研究成果，本书中提到的体验式校本课程为：是依据学科核心素养，在充分关注学生已有经验和发展需求的基础上，整合校内外多样化的学习资源，以系列化主题实践活动为基本内容，以情境创设和活动体验为基本方式的一种课程形态。

四、体验式校本课程开发的价值

（一）落实核心素养，提供课程支持

为了培养学生的创造创新能力，新修订的中小学各科课程标准，除了继续强调三维目标以外，许多学科都增加了"学科活动体验"这一课程目标。这就极大丰富了学科核心素养的内涵和外延。在此背景下，学科核心素养的全面提升单靠国家课程是不够的，需要一些活动型的、体验式的校本课程的支持。现有的国家课程主要聚焦于学生知识储备和技能提高等学科素养，在学科活动体验、文化传承、审美能力等学科素养的提升方面存在不足。同时，由于学科核心素养落实到不同学段、不同地区、不同学校的侧重点可能有所不同，因而学科核心素养在学校的落实也是不断与学校办学传统与办学特色融合再生的过程。在此过程中，校本课程可以发挥重要的载体作用。而且，体验式校本课程不是简单的学习方式的微调整，而是按照体验式学习理念，从课程整合的角度对学生学科活动体验的重新系统建构，实现了学科核心素养由单纯依靠课堂教学转向更加丰富多样的实

践体验。实际上，要想带给学生真正意义上比较深刻的学科活动体验就必须从课程开发的角度进行。

（二）明晰体验式课程规范，丰富校本课程形态

校本课程是当代中小学的重要课程类型，但原有校本课程的开发更注重开发知识巩固性、知识拓展性或知识深化性的校本课程，活动体验性课程的开发寥寥无几。体验式校本课程的加入，可以为学生的活动体验提供更为有效的发展途径，为学生创造创新能力的发展奠定更加坚实的基础，正是基于这样的认识，山东师范大学第二附属中学自2017年9月起，在语文、地理、生物三个学科率先进行体验式校本课程开发的实践探索，随着探索的不断深入，逐渐拓展到数学、历史、美术等多个学科，积累了一些相关经验，但这些经验还需要通过进一步的系统研究来加以规范。通过开发促进学科核心素养提升的体验式校本课程，可以明晰体验式校本课程的相关内容，使现有的校本课程形态更加多元、更加丰富，弥补原有校本课程重知识拓展、轻活动体验的不足，并为其他学校体验式校本课程的开发提供借鉴。

（三）实现学校培养目标，促进学生发展

笔者所在的学校，山东师范大学第二附属中学，是一所山东省教育厅直属的九年一贯制的义务教育阶段学校，学校一贯本着"尊重个性，面向全体，挖掘潜力，主动发展"的办学指导思想，努力让每一个学生成长为健康的人、懂得爱的人、对社会有益的人，并着眼于学生"全面+特长+创新"的长远发展。随着时代的发展，近年来，学校更加关注对学生创新能力的培养。体验式校本课程正是聚焦了学校的这一关注点，让学生在体验中感悟知

识、运用知识、不断成长，从学习观念与学习方式上影响学生，通过分学科体验式课程的开展以及跨学科体验式课程的进行，让学生的学习由"读、写、算"转变为"自主、合作、探索"，不再局限于书本的固定知识、固定思路，而是创造性地拓展思维，寻求多元发展，从而促进学生的全面主动发展，为实现学校的培养目标助一臂之力。

第二章

初中体验式校本课程开发的依据、结构及其类型

　　体验是学生汲取知识的渠道或路径。体验式课程为学生创设了学习课本知识的真实情境，有利于增强学生的体验能力。然而，当今许多体验式校本课程在开发过程中浅尝辄止，使得学生的知识体验能力处于"被搁浅"的态势，学校体验式课程陷入低效的窠臼。究其原因，诸多学校认为体验式课程只是让学生在活动中获得知识，只是将体验作为一种学习方式，对体验式课程的依据以及体验式课程内容并没有进行进一步的探究，导致体验式课程开发不够完整。本章旨在对体验式校本课程的开发依据、现有的结构以及类型进行系统的阐释与分析，从而使体验式校本课程的开发过程有理可依、有据可循。

一、初中体验式校本课程开发的依据

　　新课程实施以来，以体验式学习为主要学习方式、以提升学生的自主能力为目标的体验式课程越来越受青睐。体验式课程作为国家课程的有益补充，其开发与实施必须参照国家课程标准，建立在学生对知识的需求和对体

验活动的兴趣之上，必须基于学校实际并着眼于学生发展核心素养的培育，从而真正促进学生的全面发展。

（一）国家课程标准

国家课程标准是国家教育质量在特定阶段应达到的具体指标，是编写国家各门课程的准则，对学生进行爱国主义教育、集体主义和社会主义教育，加强中华民族优良传统、革命传统教育和国防教育，加强思想品质和道德教育，引导学生树立正确的世界观、人生观和价值观，倡导科学精神、科学态度和科学方法，引导学生创新与实践等方面也提出了明确的要求。它提出了国家对学生接受一定教育阶段之后要达到的具体目标和结果，因而，国家课程标准对于体验式校本课程的开发具有极大的指导意义。

义务教育阶段各科课程标准都特别强调实践、体验对于学生学习的重要意义。《义务教育语文课程标准（2011年版）》中指出"语言文字是人类最重要的交际工具和信息载体，是人类文化的重要组成部分。语言文字的运用，包括生活、工作和学习中的听说读写活动以及文学活动，存在于人类社会的各个领域。故而语文课程致力于培养学生的语言文字运用能力，提升学生的综合素养，为学好其他课程打下基础；为学生形成正确的世界观、人生观、价值观，形成良好个性和健全人格打下基础；为学生的全面发展和终身发展打下基础。语文课程对继承和弘扬中华民族优秀文化传统和革命传统，增强民族文化认同感，增强民族凝聚力和创造力，具有不可替代的优势。语文课程的多重功能和奠基作用，决定了它在九年义务教育中的重要地位"。强调"语文课程是实践性课程，应着重培养学生的语文实践能力，而培养这种能力的主要途径也应是语文实践。语文课程是学生学习运用祖国语言文字的课程，学习资源和实践机会无处不在、无时

不有。因而应该让学生多读多写，日积月累，在大量的语文实践中体会、把握运用语文的规律"。《义务教育地理课程标准（2011年版）》中提出地理学科具有"区域性、综合性、理想性、生活性、实践性"的课程性质，指出"地理课程内容紧密联系生活实际，突出反映学生生活中经常遇到的地理现象和可能遇到的地理问题，有助于提升学生的生活质量和生存能力。地理课程含有丰富的实践内容，包括图表绘制、学具制作、实验、演示、野外观察、社会调查和乡土地理考察等，是一门实践性很强的课程"。《义务教育思想品德课程标准（2011年版）》也指出应"从学生实际出发并将初中学生逐步扩展的生活作为课程建设与实施的基础；注重与社会实践的联系，引导学生自主参与丰富多样的活动，在认识、体验与践行中促进正确思想观念和良好道德品质的形成和发展"。

2020年5月，国家教育部对2017年版的高中课程方案和各学科课程标准进行了修订并面向社会发布，《普通高中课程方案（2017 年版 2020 年修订）》中特别提到本次修订有四项基本原则。一是坚持正确的政治方向。培养良好政治素质、道德品质和健全人格，使学生坚定中国特色社会主义道路自信、理论自信、制度自信和文化自信，引导学生形成正确的世界观、人生观和价值观。二是坚持反映时代要求。反映先进的教育思想和理念，关注信息化环境下的教学改革，关注学生个性化、多样化的学习和发展需求，促进人才培养模式的转变，着力发展学生的核心素养。三是坚持科学论证。遵循教育教学规律和学生身心发展规律，贴近学生的思想、学习、生活实际，充分反映学生的成长需要，促进每个学生主动地、生动活泼地发展。四是坚持继承发展。发现并切实面对改革过程中存在的问题，有针对性地进行修订完善，在继承中前行，在改革中完善，使课程体系充满活力。其阐述各学科课程标准时特别提到"中国学生发展核心素养是党的教育方针的具体化、细化。为建立核心素养与课程教学的内在联系，充

分挖掘各学科课程教学对全面贯彻党的教育方针、落实立德树人根本任务、发展素质教育的独特育人价值，各学科基于学科本质凝练了本学科的核心素养，明确了学生学习该学科课程后应达成的正确价值观、必备品格和关键能力，对知识与技能、过程与方法、情感态度价值观三维目标进行了整合。课程标准还围绕核心素养的落实，精选、重组课程内容，明确内容要求，指导教学设计，提出考试评价和教材编写建议"。虽然这是面向高中的课程方案和各学科的课程标准，但是这也是给初中教学释放了一个信号，而且，大部分学生初中毕业后都会进入高中进行深入的学习，进而升入大学进行更高一级的研修。初中作为高中的前一个学段，理应做好与高中的衔接，为学生的进一步学习奠定坚实的基础，因而高中的课程方案及各学科课程标准的指导思想、基本原则、基本理念、目标要求等对于初中各学科教学也同样具有参考和指导意义。

通过对各学科课程标准及高中课程方案和课程标准的分析，可以看出新修订的课程标准更加强调课程的整合而非单学科知识的学习；更加强调培养目标之间的相互关联以及学科活动体验的深入，通过学科活动体验目标的实现来为学生的创造性奠定基础。而学科活动体验课程目标的实现不仅需要传统学科课程的支撑，也需要一些活动型的、体验式的校本课程来支持。因而，体验式校本课程的开发理应参照国家课程标准的相关要求，达成义务教育阶段对学生的培养目标，为学生的全面发展奠基。

（二）学生发展核心素养

21世纪以全球化、知识社会、信息时代为重要特征，人类的知识获取方式、生活方式、经济运作模式以及职业领域等都发生了剧烈转变，为适应新时代，各国纷纷围绕个体面向21世纪生存和发展最为关键的 "核心素养"

开展基础教育课程改革。在此背景下，2016年9月，我国向社会发布了中国学生发展核心素养，这也是为了满足中国特色社会主义建设进入新时代，对教育质量和人才培养提出的新要求。中国学生发展核心素养以科学性、时代性和民族性为基本原则，以培养"全面发展的人"为核心，分为文化基础、自主发展、社会参与三个方面。综合表现为人文底蕴、科学精神、学会学习、健康生活、责任担当、实践创新六大素养，具体细化为人文积淀、人文情怀、审美情趣、理性思维、批判质疑、勇于探究、乐学善学、勤于反思、信息意识、珍爱生命、健全人格、自我管理、社会责任、国家认同、国际理解、劳动意识、问题解决、技术运用等十八个基本要点。研究学生发展核心素养是落实立德树人根本任务的一项重要举措。认真研究学生发展核心素养各要素后发现，其具有整合性、情境性、高阶性、体验性等特征。各素养之间的关系不是简单的叠加，而是相互作用，相互影响，共同发力，促使学生成长为一个身心健康、有知识、懂生活、适应未来社会的人；核心素养中提到的各要点都必须通过一定的情境展现出来，而情境体验、实践体验、情感体验等是促成各要点达成的重要而有效的途径，"理性思维、批判质疑、勤于反思、社会责任、问题解决"等是个体面对复杂问题情境时做出的理智的判断、决策和行动等素养，这些素养不仅在认知上具有综合性和高层次性，而且在内容领域上具有跨学科整合性，均属于人类的高阶思维。

学生发展核心素养的培育必须通过学生的深度学习，而关注学生的深度体验就是体验式课程的优势之一。"体验"可以理解为一种动作，即主体通过参与不同的生活场景，在参与及反思中去体验相应的认识和情感；也可以理解为一种感受，即主体从参与活动或从想象和反思的活动中获得的认识和情感。无论是哪种理解，都是"身"与"心"的经历。"深度体验"则强调体验的深度和丰富性，从学生的身心来说既是一种结果又是一

个知识内化的过程。[1]体验式校本课程最大的特点在于"关注学生的深度体验"，为学生创设各种体验情境，激发学生的学习兴趣，调动学生积极主动参与；强调具身体验，有趣的"体验"能吸引学生全身心地投入到学习、活动中，使得生理、心理和环境形成一个共同体，在体验中促进认知的发展；通过深度体验，让学生自主探究、自我管理、解决问题，在体验中感知世界、批判质疑、形成意识、陶冶情操、健全人格，培养审美情趣、人文情怀、社会责任。

（三）学科核心素养

指向核心素养的课程改革已成为国际教育教学改革发展的趋势，而核心素养的落地还要依赖于各学科课程，依赖于学科教学和各学科核心素养的落地。国家教育部颁发的《普通高中课程方案（2017年版2020修订）》中指出"学科核心素养是学科育人价值的集中体现，是学生通过学科学习而逐步形成的正确价值观念、必备品格和关键能力"。各学科的课程目标由最初的以"双基"为核心，到后来课程改革中提出"三维目标"，以培养"知识与技能、过程与方法、情感态度与价值观"的有机统一的发展的人为宗旨，如今又提出了培育学生的学科核心素养，着眼于学生的健全人格、未来发展和快乐生活。中小学生的学习主要发生在学校生活中，而学校则主要是通过学科学习和学校活动实现对学生的教育目的，因此，核心素养培养的主要阵地还是学科教学，通过达成各学科课程目标实现学生学科核心素养的培育，通过各学科核心素养的真正落地实现学生核心素养的发展。

学科核心素养是一个长期培养目标，是学生在长期学习某门课程后形成的素养，它的培养不是一蹴而就的，而是各年级、各学段不断渗透、深化而

---

[1] 周文良.核心问题教学中的学生深度体验研究[M].电子科技大学出版社，2013.

形成并提升的。如今，国家明确并颁布了高中各学科的学科核心素养，而初中各学科的核心素养的内容还未有官方定论，但是学生素养的形成和发展是日积月累、循序渐进的，因而高中各学科核心素养对于初中学段也同样具有借鉴作用，初中学校可以以高中学科核心素养为培育学生的长远目标，结合初中学生的特点和初中教学的特点开展教育教学活动，做好初高衔接，从而真正促进学生的全面发展。

《普通高中语文课程标准（2017年版2020年修订）》指出：语文学科核心素养是学生在积极的语言实践活动中积累与构建起来，并在真实的语言运用情境中表现出来的语言能力及其品质；是学生在语文学习中获得的语言知识与语言能力，思维方法与思维品质，情感、态度与价值观的综合体现。主要包括"语言建构与运用""思维发展与提升""审美鉴赏与创造""文化传承与理解"四个方面。《普通高中数学课程标准（2017 年版 2020 年修订）》则指出：数学学科核心素养是数学课程目标的集中体现，是具有数学基本特征的思维品质、关键能力以及情感、态度与价值观的综合体现，是在数学学习和应用的过程中逐步形成和发展的。数学学科核心素养包括数学抽象、逻辑推理、数学建模、直观想象、数学运算和数据分析。这些数学学科核心素养既相对独立，又相互交融，是一个有机的整体。《普通高中历史课程标准（2017年版2020年修订）》指出：历史学科核心素养包括唯物史观、时空观念、史料实证、历史解释、家国情怀五个方面。唯物史观是诸素养得以达成的理论保证；时空观念是诸素养中学科本质的体现；史料实证是诸素养得以达成的必要途径；历史解释是诸素养中对历史思维与表达能力的要求；家国情怀是诸素养中价值追求的目标。通过诸素养的培育，达到立德树人的要求。《普通高中地理课程标准（2017年版2020年修订）》中提到：地理学科核心素养主要包括人地协调观、综合思维、区域认知和地理实践力，它们是相互联系的有机整体。

从上述几个学科课程标准中提到的学科核心素养我们不难看出，"实践""体验""真实情境""综合思维"等是出现频率较高的词语，由此我们可以推断，学科核心素养的培育要结合学生年龄特点和学科特征，在学科内容上重视以学科大概念为核心，突出结构化，以主题为引领，使课程内容情境化，培养学生社会责任感、创新精神、实践能力，促进学生德智体美劳全面发展。

（四）学校实际

体验式学习的概念自古即有之，可以从中国南宋诗人陆游的"纸上得来终觉浅，绝知此事要躬行"看出端倪，而近代体验式学习运动则萌芽于19世纪的美国。作为体验式学习得以落实的载体——体验式课程，则伴随着体验式学习理念在各中小学得以丰富。体验式校本课程的开发和实施除了要着眼于学生的学科核心素养，要符合国家课程标准的要求，还应该立足于各学校的实际。诸如东莞台商子弟学校的体验式学习课程、枣庄市立新小学的"1+1"体验式课程以及上海师范大学教育技术系某团队为贫困地区的小学开发的《计算机里的魔法师》体验式课程等，皆是根据学校自身特点、硬件设施与办学力量开发出适合于学校的体验式课程。

体验式校本课程的开发必须立足于学校教育理念、学校学生特点、学校教育经费、学校硬件设施以及学校师资情况等。例如台商子弟学校创办的初衷是协助台商实现家庭团圆、解决教育问题，其办学理念是温馨校园、全人教育、终身学习。因此该校为营造一个具有"爱"与"人文"气息的温馨校园，除了在日常教学过程中要求学生面对老师和同学能遵纪守礼以外，还设计了以"我爱自己、我爱别人"与"群我关系"为课程主轴的体验式学习课程。为实现全人教育，该校开发并落实了以"生活自理能

力""团队合作""服务他人"为课程主轴的体验式学习课程。为促进学生终身学习理念的深化，该校开发了以"突破自我"和"生涯规划"为主轴的体验式学习课程。东莞台商子弟学校是专门一所以中国台湾来东莞经商的子女为学生的学校，因此教育经费充足，有足够的经费用来建设开展体验式课程的场所，该学校在硬件设施方面设有教学楼、宿舍楼、餐厅楼、科技楼，还有生命力学习营地、室内温水游泳馆、高尔夫球练习场及中华文化馆。可见，该校的硬件设施很齐全，为该校开发并落实体验式学习课程提供了有利的物质支撑。该校的体验式学习课程基本都是在生命力学习营地进行，营地特采用低密度开发，总建筑面积仅1876平方米，同时采用深度绿化设计，以营造一座充满挑战性的美丽的原始森林为主。营地具体设施包括露营区、探索挑战区、户外攀岩区、森林教学区、营火区等。该校体验式学习课程根据不同年级，分为"绿野仙踪""丛林奇谈""漂鸟精神""鲁滨孙漂流记"四个背景情境。四个背景皆是以体验式学习理念为依据进行设计与实施的。[1]

　　教育应当成为学生对生活知识的主动体验和自我感悟，应当是让品德和知识在学生的心灵里慢慢发酵，这样发酵酝酿出来的东西才可以滋养学生的一生。基于以上认识，枣庄市立新小学结合学校原有特色课程和德育实践活动经验，开发了分级部、分系列实施的"1+1"体验式课程。"1+1"体验式课程中一个"1"是指行为素养，立足点是德育；另一个"1"是学科素养，立足点是教学。枣庄市立新小学是枣庄市教育局直属的市级实验小学，师资力量雄厚，同时立新小学作为市级直属小学拥有丰富的教研资料、充足的研究经费，这都为开发体验式课程提供了有力的保障。为全面实施"1+1"体验式课程，学校教师出台了《枣庄市立新小学行为素养序列化实施方案》和

---

[1] 钟启旸.体验式课程的教学知识[M].重庆：重庆大学出版社，2012:7-9.

《枣庄市立新小学学科素养实施方案》，通过学科课程引发体验、德育课程引领体验、活动课程自主体验，引领每一个孩子在宽松、和谐的环境中亲历成长的过程，体验成长的风景。[1]

立新小学一直探索德育实践体验课程，为开发并落实体验式校本课程，该校教师将体验式校本课程与德育课程结合。例如，《探究·体验·成长》的体验作业就是根据原有德育课程的编写分类，再加入基本技能题和学生自拟题目，增加学生对活动的真实体验并将体验落于纸上；在原有《趣味放大镜》教材的基础上增加了"童眼看世界""奇思妙想""探究小擂台""体验我成长"等环节。此外，为落实"文化引领、精神示范"的办学理念，立新小学师生精心打造了地方文化系列、行为文化系列、人文素养文化系列和学校文化展室等特色文化品牌，使得每个突出的主题在潜移默化中影响孩子；灵活利用家委会组织各行业家长带领孩子体验不同职业，从而真正了解不同职业需求。立新小学将原有活动课程进行改编，让学生在活动中体验。学校征求学生的意见，开设了体育舞蹈、管乐、太极拳、校园英语、精粹选读等课程，在此基础上每年举办一次体育节、读书节、科技节、艺术节和英语节，让学生在活动中积极体验，得到锻炼。学科课程也可渗透体验式的理念，例如语文学科的《诵有所得》，配以"无字书"、语文手抄报等，使读、写、画等多种元素有机糅合在一起，让语文作业走上大语文观的轨道；数学学科的《快乐数学》，让学生们在愉快轻松的氛围中学会学习。英语学科除了《立新情景英语》之外，还设置了手抄报、英语书法、英语贺卡、配图作文等，让学生在动手动脑动嘴中体会英语的魅力。[2]

[1] 李敬，徐良.构建"1+1"体验式课程体系提升学生综合素养[J].中国教育学刊，2013（10）：53.

[2] 李敬，徐良.构建"1+1"体验式课程体系提升学生综合素养[J].中国教育学刊，2013（10）：53-54.

近年来，由于互联网技术不断拓新，信息技术课程在全国广泛开展，但贫困地区的普及率并不高，这与教学设施和师资力量的紧缺有直接关系。因此，上海真爱梦想基金会开始与上海师范大学教育技术系某团队合作，开发了名为《计算机里的魔法师》的小学信息体验式课程，该课程以丰富、有趣的体验式活动为载体，让学生在活动中汲取知识、体验互助、分享情感，培养贫困地区孩子的信息技术能力。团队结合当地"梦想中心"多媒体教室，让贫困地区的孩子亦能接受到现代化的素质教育。由于贫困地区教师信息技术的相关理论和实践能力都不高，对于一些设备能否使用好都是未知数。因此，该课程以体验式课程为主，师生能够在活动体验的过程中吸取信息技术知识、提升信息素养。在信息技术体验式课程内容设计上，由于偏远地区学生的认知起点和接受能力都较低，因此，体验式课程内容不能太深奥，同时增加了体验式学习的要素。例如，在进行"电子邮件"这节体验课时，将语文知识与信息技术整合，让学生先写一封信给家长，然后在老师对"电子邮件"进行细致讲解后，自己发送一篇电子邮件。为使学生加深体验电子邮件的内涵，体验式课程中还增加了分角色扮演寄信人、邮递员和收信人，以让学生充分了解生活中信件往来的过程。[1]

二、体验式校本课程的基本结构

体验式校本课程有利于促进教学活动的有效性、发展性和目标性。体验式课程的设计改变了传统课程中以知识传递为主线的设计思路，采取以体

---

[1] 王蕾.小学信息技术体验式课程开发研究[D].上海：上海师范大学，2012：21-24.

验式学习为主线的设计思路。体验式校本课程各要素之间紧密连接、环环相扣，因而开发、实施体验式校本课程并产生预期的效果，课程要素的阐释是必不可少的。

（一）课程结构建设依据

课程结构是课程目标转化为教育成果的纽带，是课程实施活动顺利开展的依据。课程结构的研究是课程论中十分重要的部分，也是内容相当丰富的部分。课程结构是课程各部分的配合和组织，它是课程体系的骨架，主要规定了组成课程体系的学科门类，以及各学科内容的比例关系、必修课与选修课、分科课程与综合课程的搭配等，体现出一定的课程理念和课程设置的价值取向。课程结构是针对整个课程体系而言的，课程的知识构成是课程结构的核心问题，课程的形态结构是课程结构的骨架。

作为校本课程之一的课程形式，体验式校本课程的基本结构必须要以体验为主线脉络。体验式课程不仅需要调动学生学习的积极性，也应该为学生展现自身的创造性留有空间。体验式校本课程结构的"选择性"是依据地方、学校与学生的差异，客观存在的现实及课程的适应性要求而提出的，它主要涉及学校所在地特点以及学校的校长与教师有什么样的权力，有多大的权力对课程做出选择。体验式校本课程在结构上所倡导的是改变学生以往体验活动能力低下，各科知识散乱、相互隔离的弊端，促使学生素养得到全面发展。一般情况下，体验式校本课程的课程目标大多着眼于学生的实际需要，增加体验活动，培养学生自主探索、勇于实践的能力，培养学生的科学态度、社会责任感和使命感。体验式校本课程在内容的选取上应基于问题，并考虑是否适合进行体验。

（二）不同学校的体验式课程结构

　　纵观当下的体验式校本课程，大多是在体验式课程开发理念下各学校根据学校特点、硬件设施、办学理念以及培养理念等，设计并开发出适合本学校的体验式校本课程。虽然诸多学校的体验式校本课程都是在体验式课程理念下统筹开发出来的，但基于不同的硬件设施、不同的师资力量以及学校周遭环境不同，不同学校体验式校本课程的基本结构和要素都存在一定的差异，汇总分析后大体分为以下几类：

　　1. 背景和主轴相互贯穿设计的基本结构。以东莞台商子弟学校的体验式学习课程的基本结构为例，该学校在体验式课程的要点是十二年级一贯，营地课程相连贯而不重复。课程架构以年级分为四个部分，分别含有不同的背景情境和课程主轴。小学1—3年级的学生以"绿野仙踪"[1]的故事作为背景情境，课程主轴为"我爱自己""我爱别人""群我关系"；小学4—6年级以"丛林奇谈"[2]的故事为背景情境，课程主轴为"生活自理能力""团队合作""服务他人"；7—8年级以"漂鸟精神"为背景情境，课程主轴为"生活能力培养"和"行为能力培养"；10—11年级以"鲁滨孙漂流记"为背景情境，课程主轴是"突破自我"和"生涯规划"。每个课程主轴下又有不同的学习目标，根据学习目标再设定不同的主体单元，然后依其主体单元设计课程活动。[3]其体验式学习课程的基本结构如下图：

---

[1] 《绿野仙踪》是美国名著*Wizard of Oz*的改编，讲述了桃乐丝和其小狗托托原本住在堪萨市，一日龙卷风将她与小狗吹到了奥兹国，为了回到家乡，桃乐丝与托托展开了一趟奇幻而冒险的旅程，途中遇见稻草人、机器人和狮子，最后找到失踪已久的奥兹玛公主，并辅佐她统治奥兹国，在魔女的帮助下终于回国。

[2] 《丛林奇谈》是英国作家吉卜林的作品。

[3] 钟启旸.体验式课程的教学知识[M].重庆：重庆大学出版社，2012:7-9.

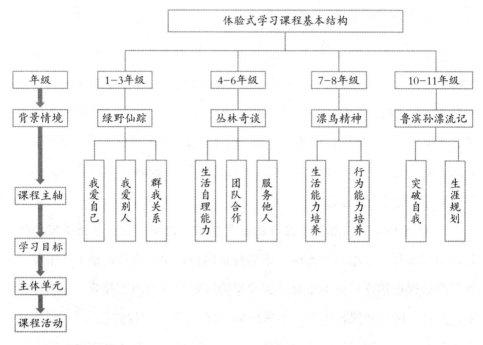

体验式学习课程基本结构图

2. 将学校培养模式、德育课程与体验式相结合，以系列为主干的基本结构。例如大连市第二十四中学（以下简称二十四中），将"体验式课程"作为育人的主渠道，将学生主体性实践与育人紧密结合，旨在将学生培养成"品德高尚，思维敏捷，学业优秀，具有社会责任感和国际视野的高素质人才"。基于以上办学理念，二十四中采用"五·三"人才培养模式，即三才能——一人一运动、一人一乐器、一人一社团，三能力——判断力、鉴赏力、创造力，三兼优——道德与智慧兼优、知识与能力兼优、人文与科学兼优，三特色——探索体验、体育发展、人文艺术，三情怀——责任心、荣誉感、爱国情。故而，该校的体验式课程体系是按照"五·三"人才培养模式设立的。依据该模式，二十四中的体验式课程按系列展开。有"入学教育""毕业教育""节日文化系列活动""艺术、体育系列活动""国旗下的系列教育活动""安全教育""文化使者计划""社区服务""'四自'

教育""社团"十大系列课程。其体验式学习课程的基本结构如下图：

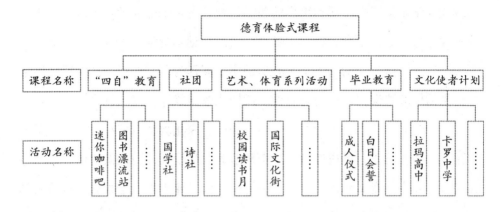

德育体验式课程基本结构图

二十四中是高中学校，学校的德育体验式课程由"四自"教育，社团，艺术、体育系列活动，毕业教育，文化使者计划组成。"四自"教育主要使学生经历活动的策划和管理。其中"迷你咖啡吧"让学生经历自主经营，提升管理能力；"学生食堂自治管理委员会""艺体活动的组织和裁判"提升了学生行为自律意识。社团课程顾名思义，就是以社团活动为主轴，以尊重学生个性选择、鼓励学生个性发展、注重学思结合、强化知行统一为设计思路，提升学生自我设计、自主管理和团队意识。艺术、体育系列活动课程，则是仅仅依靠"五·三"人才培养模式，为学校搭建各种活动平台，其中"校园歌手大赛"给富有音乐才能的学生们提供了一个展示能力的舞台。毕业教育系列课程中的成人仪式、英才奖励基金大会让高三学生带着成熟和信心走向高等学府。文化使者计划就是落实"德行＋学识＋综合素质"的育人目标，该校长期和美国拉玛高中、澳大利亚卡罗中学、新加坡华侨中学合作，互派学生进行短期交流，使二十四中的多元教育开始走出课堂，走向世界。[1]

[1] "德育体验式课程"的探索与实践[J]. 中学课程资源，2015（11）：63-64.

3. 网络虚拟体验式校本课程。随着信息技术的高速发展，网络已经渗透到现代大学生学习、生活和工作的各个领域，南京邮电大学将虚拟网络与体验式课程进行有机结合，给学生带来全新的视觉、听觉和触觉体验。南京邮电大学以2014级学生的《大学生心理健康》课程为研究课程，从实践角度来探讨微博体验式课程设计的有效性。微博式体验式课程以"创设情境，激发兴趣""新知聚焦，自主学习""参与探究，深化教学""小组协作，深入掌握""体验感悟，形成经验"五个环节为教学设计，明确微博体验式学习在课程开发中的意义和价值。基于微博的体验式课程平台是指通过微博来创设一种体验学习平台，让学习者在平台中通过共同解决学习问题来完成学习任务。它可以提高学习者的媒介信息素养、问题解决能力、表达能力、语言交流能力以及探究能力。微博体验式课程的基本结构如下图：

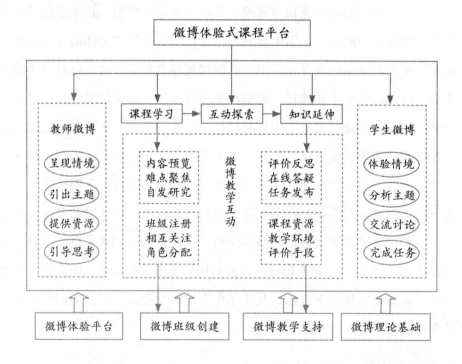

微博体验式课程的基本结构

　　微博班级是由班级注册、相互关注和角色分配组成。具体还有微博选型、微博功能介绍、备注设置、班级管理等。班级创建之初就应该让学生了解微博班级共同体的目标，教师授权让班内较积极的学生成为微博班级的核心成员或管理者。微博教学支持是由课程资源、教学环境、评价手段组成。微博可通过手机、电脑等方式将文字、图片、音视频等聚合成信息发布，这些信息可形成优质的课程资源；微博交互性强，信息量大，可以延伸课堂教学环境；微博的开放性、灵活性使得微博的评价功能具有多元化。在微博里，可以进行个人评价、生生互评、师生互评、自我评价、小组评价，评价方式的多样性也会在无形中增加学生的兴趣。教师微博包括呈现情境、引出主题、提供资源、引导思考四个方面。在开展微博教学活动之前，教师要分析教学目标和内容，创设学习情境。学生微博包括体验情境、分析主题、交流讨论、完成任务四个方面。学生通过微博，体验教师预设的情境，分析主题，一旦有了突发的疑问或者想法，可以随时随地发布出来。微博平台的其他成员可以随时接收，并可以无限扩展参与学习的成员，形成庞大的学习网络。在课前，教师可以通过微博让学生浏览课程内容，对学生提出预习要求；再通过难点聚焦，发布教学思考主题，指导学生去查阅相关资料，自发探究问题。微博平台使得课堂教学得以在课堂之外得到进一步延伸与扩展。一堂课中教师和学生的情感碰撞远不是一次课堂教学就能够挖掘完毕的，随着教学内容的展开，师生的思维和情感得到发展和融合，对于教学内容也会产生不同的想法和认识。而微博可以有效地辅助课堂教学。另一方面，微博有"收藏"功能，很多交流的"痕迹"可以长期保存，学生们能够在课后复习甚至以后的时间里，继续从中获得知识和感悟，选择自己所需的内容，使得课堂教学的效果得以进一步延伸和扩展。这些都可以有效培养学生的自主探究和创造性思考的能力。[1]

---

[1] 王静静.基于微博的体验式课程设计研究[D].南京：南京邮电大学，2015：23-26.

三、体验式校本课程的主要类型

自新课改实施以来，以体验式理念为核心的体验式学习、体验式教学、体验式课程设计愈加受到研究者的青睐。有学者认为：以公共知识为基础的接受性课程在培养知识的储存者和继承者方面发挥了重大作用，而新课程改革强调要培养知识的发现者和探究者，让每一个学生获得主动发展。要想实现这种转换和变革，必须依靠以个人知识为基础的体验式课程。[1] 近年来，各学段进行体验式课程开发的实践越来越多，如有以故事引入、虚拟体验为主的静态学科体验式课程，有彻底改变学科课程运行方式进行的动态学科体验式课程；有以营地挑战、职业体验、社会调查、考察参观等方式进行的活动体验式课程。当然，体验式课程主要是一种课程理念，不拘泥于某一种课程类型。研究发现，如今体验式课程类型主要分为学科体验式课程和活动体验式课程两大类，两大类中又涵盖诸多小类别的体验式课程。

（一）学科体验式课程

学科课程的实施并非不需要体验，相反，体验式课程的开发可以以学科知识相关的体验式活动或情境为学习载体，使得学科教学不仅具有社会价值，亦增加了个人价值。此外，根据不同学段、不同学科类型，学科体验式校本课程又有不同的分类。

一是以书本知识为基础载体的静态体验式课程。理性认识来源于感性认识，通过体验所获得的感性认识经过思维加工，更容易上升为理性认

---

[1] 陈佑清，李丽．个人知识与体验性课程[J]．湖北大学成人教育学院学报，2003（6）：19．

识。因此，诸如思想品德、历史、地理等学科都会增加一些静态的体验式课程，供学生体验。为什么说是静态体验式课程？首先，以历史课程为例，多数时候我们不能完全回到当时历史情境下，只有通过故事来引领学生进行静态体验，讲清代的政史就可用故事作为牵引，以视频作为辅助，唤醒学生对清代政史的认知。[1] 其次，以虚拟网络为学习渠道的静态体验式课程解决了由于条件限制而无法进行的一些实验性的课程。虚拟体验式课程必须贴近学生现实情境，以解决学生在现实学习中遇到的问题为目标。虚拟体验式课程内容选择真实性任务，避免其远离现实情境，学生参与的活动情境应与现实情境相似。课程强调学生的虚拟体验、亲身经历和主动参与，填补生活体验与课程目标之间的割裂。例如，在物理课程学习物体自由落体的过程和规律，就可利用Flash（一款播放器软件）做成的自由落体运动动画，在Moodle（一个用于制作网络课程或网站的软件包）上利用内嵌的播放器进行播放。学生就可真切感受到自由落体的过程及其运动规律，同时避免实际体验导致的误差。[2]

　　二是以实践活动为途径的动态体验式课程。学科体验式课程中既有静态体验，亦包含动态体验。诸如以各种体验活动为方式进行的历史拓展课、探究课，其主旨并不在于获取更多的历史知识，而是在已有历史知识基础上得到体验感受。通过参观历史博物馆、探访古迹等体验活动，使学生获得一种美好的身心感悟，其"知道"的价值胜于"理解""应用"。诸如语文体验式课程以课文为载体，引导学生亲身体验、亲身实践课文中的内容，从而理解课文内涵、意境，通过多通道、多方式的体验，让学生

[1] 仲尧明．历史体验式学科活动的设计路径探索[J].中学历史教学参考，2019（2）：64-68.

[2] 蔡春华．基于Moodle的高中物理体验式课程的设计[J].贵州教育学院学报，2008（3）：54-57.

充分感知和理解课文内容,从而激发阅读兴趣、培养阅读能力,在文章理解过程中锻炼观察、思考、表达、思辨能力,最终使学生成为语文学习的主人。语文体验式课程中学习以"春天"为主题的文章,教师往往与学生共同在学校树下、操场,寻找春天的足迹,而后再进行文章解读。此时的文章不再是枯燥的字符堆积,而是春天的气息真的落于纸上。这样多方位、多角度地灵活处理与设计语文体验式活动,将一步步引导学生融入课文、亲身实践、亲心感受,从而不断加深理解文章内涵、画面意境,进而越发喜爱语文、学会阅读、学会学习。

总之,学科体验式课程是以学科课程标准以及学科核心素养为课程目标,将体验理念融入学科课程内容的筛选、教学方式的选择以及评价方式的运行等方面。诸多学科体验式课程都是将传统学科课程与体验式课程有机结合,并不是单纯地将学科知识用活动的方式呈现出来,而是真正让学生在体验中对事物产生情感,生成领悟。

(二)活动体验式课程

活动体验式课程,顾名思义,并不局限于某一学科或相关学科,而是以学生全面发展为目标的体验式课程。活动体验式课程与体验活动息息相关,是学生在自主性活动中通过体验而实现其发展价值的,学生将自己独特的知识结构、情感结构、个人经历带入活动之中,使体验表现出强烈的个人色彩。[1] 由于学生学习活动方式多样,活动体验式课程亦呈现出百花齐放的态势。按照各活动体验式课程不同的课程开展方式,现将活动体验式课程分为营地挑战类,职业体验类,社会调查、志愿服务类,考察参观类。

---

[1] 陈佑清,李丽. 个人知识与体验性课程[J]. 湖北大学成人教育学院学报,2003(6):20.

以营地挑战为主要开展方式的体验式课程。以东莞台商子弟学校为例，此类体验式课程将课程分为不同的营地，营地具体设施包括露营区、探索挑战区、户外攀岩区、森林教学区、营火区等。以营地为中心的体验式课程根据不同年级，分为"绿野仙踪""丛林奇谈""漂鸟精神""鲁滨孙漂流记"四个背景情境。四个背景皆是以体验式学习理念为依据进行设计与实施的。每个背景情境与营地设施对应着不同的体验式小课程。[1]

以职业体验为主要开展方式的体验式课程又可以细分为两类：一类是真实去某一职业所处环境中体验职业的工作内容、承担责任以及所需要的知识；另一种是在学校建立的虚拟场景下进行的体验。两种体验都有相应的课程内容、课程实施方式以及课程的评价方式。第一种职业体验主要由从事该职业人员进行评级，后一种体验方式则是老师和同学作为评价主体。例如，体验消防员这一职业，学生就要真正体验消防员一天的工作过程，从理论知识到实践知识都得到提升。此类课程一般只在高学段开展。虚拟职业体验的开展则相对容易许多，低年级的学生进行更容易提高学习兴趣，深化对不同职业的认知。

以社会调查、志愿服务为主要开展方式的体验式课程多以当今社会的热点话题为课程活动内容主题，以拓展学生的视野、提升学生的社会责任感为主要目标。诸如以环保为主题的社会调查，学生通过跟踪调查日常生活场所周围的环境问题，不仅可以加深对环保问题的理解，同时也会更加珍惜自己现在所拥有的生活环境。而以志愿服务为开展方式的体验式课程，则更多的是去养老院或其他志愿服务岗，学生在贡献自己力量的同时，去感悟帮助别人的快乐，学会感恩。

以考察参观为主要开展方式的体验式课程，则与开展学校周围的地理环

---

[1] 钟启畅.体验式课程的教学知识[M].重庆：重庆大学出版社，2012:7-9.

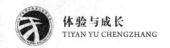

境相关。通过考察参观，学生从感情上体会到人文情怀，从认知上体悟到地大物博。例如参观博物馆，可以引导学生以时间线来参观，也可以通过文物来参观，不同体验方式学生受到的熏陶是不同的。按照时间线来体验，学生可以体会到中华文明两千年余的时代变迁，朝代不同所体现的文化差异；按照文物来体验，学生可以体会到朝代不同，不同阶层所呈现的生活差异。

总之，体验式课程只是一种课程理念，在体验式课程理念之下可以开发出形式多样的课程体系。不同的体验式课程类型并不是单独存在的，也许会在不同的体验式课程中共存，而不同的分类依据也会有不同的课程类型，各学校如何进行分类还要依据自身的特点和实际需要而进行。

第三章

促进学科核心素养提升的初中
体验式校本课程的实践探索

本章以学校原有校本课程为支撑，探讨促进学科核心素养提升的体验式校本课程开发的策略，讨论课程开发的各个阶段，全方位呈现山东师范大学第二附属中学促进学科核心素养提升的体验式校本课程的开发情况。

一、山东师范大学第二附属中学学校概况

（一）学校发展概况

山东师范大学第二附属中学是山东省教育厅直属的一所现代化初级中学。前身为"山东师范大学子弟班"，创建于1981年，1983年更名为"济南千佛山中学"，1992年6月经山东省教委批准，正式定名为"山东师范大学第二附属中学"。学校先后被评为山东省文明单位、山东省规范化学校、山东省艺术教育示范学校、山东省体育传统项目学校、全国足球特色学校、济南市卫生先进单位、济南市绿化先进单位、济南市花园式庭院、济南市绿色学校，连续多年被评为历下区教书育人先进单位。2012年，山东省发改委、山东省教育厅、济南市教育局正式批准学校建设建大校区。2014年9月，建

大校区投入使用，并设立了小学部，学校"一校两区三部"的管理体制正式开启。2016年4月，山东省机构编制委员会办公室正式批准我校为九年一贯制义务教育阶段学校。学校先后托管了山东师范大学大学城实验学校、历城区弘毅学校、历城区雪山小学和历城区文博学校，形成了"一校两区三部四合作"的办学格局。师大校区紧邻山东师范大学，建大校区毗邻山东建筑大学，两个校区依托两所大学，具有得天独厚的地理位置优势，两所大学的专家教授也经常到校进行调研、指导，为学校教育教学工作的开展、校本课程的开发、教学研究的推进提供了诸多便利条件。学校仅师大校区和建大校区两个校区目前就有中小学97个教学班近4600余人，两校区中学部的学生主要毕业于山东师范大学附属小学和山东师范大学第二附属中学小学部，这两所小学都是济南市乃至山东省的知名小学，培养的学生思维活跃、知识面广、学习能力强、综合素质高、求知欲强，这些高起点的学生升入初中后，必然对中学教师的各方面能力、学校课程的设置、内容和实施等都有着更高的要求。因而，随着学校办学规模的不断扩大、学生数量的不断增多、学生发展需求的不断提升，对于校本课程的开发也在不断完善和改进。

（二）学校文化

近40年的不断发展，学校形成了鲜明的办学特色和内涵丰富的学校文化，这既为校本课程的开发提供了文化保障，也是校本课程开发的重要依据和目标所在。学校的办学指导思想是"尊重个性，面向全体，挖掘潜力，主动发展"；学校确立的学生长远发展目标是"全面+特长+创新"；学生的基本培养目标是"努力让每一个学生成为健康的人，懂得爱的人，对社会有益的人"；校训是"格心弘德，求真博学"；校风是"团结，勤奋，文明，创新"；教风是"为人师表，爱岗敬业，严谨治学，善于探索"；学风是"富

有理想，勤奋学习，勇于进取，尊师守纪"；学校精神是"爱岗敬业、无私奉献的精神，精益求精、务求实效的精神，团结协作、勇攀高峰的精神"。学校将学校文化和学校精神与校园建设等物质文化建设相结合，比如：用校训来命名学校的主体建筑，办公楼命名为"格心楼"，小学部教学楼命名为"弘德楼"，中学部教学楼命名为"博学楼"，教学楼前面的广场命名为"求真广场"。根据使用功能命名学校的附属楼房，学生餐厅命名为"养德楼"，取"静以修身，俭以养德"之意，学生公寓命名为"养心楼"，取"养心莫善寡欲"之意。这样起到将学校文化内化于心、外化于行的作用。无论是学校的办学指导思想、对学生的长远和基本培养目标，还是校训、校风、学风、教风以及学校精神，无不体现了国家教育思想、党的方针政策的要求，符合教育教学规律，指向学生发展核心素养。

党的十八大报告中指出要"坚持教育为社会主义现代化建设服务、为人民服务，把立德树人作为教育的根本任务，培养德智体美全面发展的社会主义建设者和接班人"。党的十九大报告中再次强调"落实立德树人根本任务，发展素质教育，推进教育公平，培养德智体美全面发展的社会主义建设者和接班人"。习近平总书记在全国教育大会上也强调"新时代新形势，改革开放和社会主义现代化建设、促进人的全面发展和社会全面进步对教育和学习提出了新的更高的要求"。中国学生发展核心素养以培养"全面发展的人"为核心，是落实立德树人根本任务的一项重要举措。学校的办学指导思想与对学生的培养目标相辅相成，正是在"尊重个性，面向全体，挖掘潜力，主动发展"这一思想的指引下，学生才能成长为"健康的人、懂得爱的人、对社会有益的人"，才能"全面+特长+创新"，也正是因为学校实践了对学生的培养目标，对学生的培养过程才体现了学校的办学指导思想。美国著名心理发展学家加德纳的多元智能理论要求我们要充分尊重学生的个体差异，充分挖掘学生的潜能，为每个学生的发展提供合适的机会，让他们茁

壮成长；以人为本的科学发展观也要求我们要把学生看成一个持续发展的人，要激发学生的内在动力，培养学生的创造创新意识，教育要面向每一个学生，不让一个学生掉队，要促进学生的全面发展。学校的办学指导思想和培养目标都切合了这些理论和观念的要求。正是因为老师们长期以来形成了"为人师表，爱岗敬业，严谨治学，善于探索"的教风，所以才有那么多的优秀人才涌现，老师们才具备了教好课的同时，去研究教材、研究学生、研究教育教学的规律、研究国家的教育方针政策的能力，才能根据学生实际和学校的要求去开发和实施校本课程。而山东师范大学第二附属中学的全体师生一直以来都做到了"匡正思想、弘扬道德、追求真理、广泛学习"，做到了"团结、勤奋、文明、创新"，这都为开发体验式校本课程提供了强有力的思想引领和文化保障。

（三）学校师资情况

　　学校办学规模的不断扩大，促使学校师资队伍水平不断壮大和提升，为学校开发高品质的校本课程提供了强有力的师资保障。学校现有教职工315人，正高级教师4人，高级教师95人，一级教师100人，硕士研究生111人，教师本科学历达标率100%。截止到2019年12月31日，学校有齐鲁名师、省特级教师2人，省优秀教师3人，省优秀教育工作者1人，市名师和市学科带头人14人，区名师和区学科带头人32人，省教学能手6人，市教学能手10人，区教学能手61人。国家优质课一等奖7人，"一师一优课"部级优课2人、省优质课一等奖23人，"一师一优课"省级优课32人，市优质课一等奖64人。市、区级优秀教师40余人，市优秀班主任30人。近十年来，教师申报研究的山东省省级重点课题有3个已结题和3个在研课题，济南市市级课题有5个已结课题和2个在研课题，历下区区级课题有7个在研课题。学校化学、物理、

英语和音美教研组先后被评为济南市先进教研组。分学科的体验式校本课程和跨学科的体验式校本课程主要涉及了语文、数学、英语、物理、化学、地理、生物、道法、历史等学科，这也主要是充分发挥了这些学科组和学科教师的优势。比如，化学学科组的毛利新老师，是山东师范大学第二附属中学现任校长、初中化学正高级教师、山东师范大学化学专业教育硕士，2005-2007年曾以教育部访问学者的身份在日本广岛大学教育学院研修，取得校长经营学方向的研修证书，并撰写题为《中日初中理科课程标准与教科书比较研究》的论文。毛利新老师现已从教26年，一直坚持在教学一线，在课堂教学中尤其重视对学生的实验技能、思维方式的训练，注重培养学生的科学素养，最大限度地利用学校和社会资源引导学生开展科学实践活动，体现化学即生活的学科理念。自任教以来，毛老师还一直担任学科竞赛辅导教师，连年获得全国竞赛辅导园丁奖。深入的教学研究也成就了教师的发展，她曾先后取得区、市、省及全国优质课一等奖的好成绩，被评为山东省教学能手、山东省特级教师、山东省首批齐鲁名师。2010年至今一直担任山东省教师远程研修省级专家，期间入选国培计划专家、教育部师范类院校专业认证专家。近十年的省级、全国教育教学工作经历，更加提升了其本人对课程研究的认识和理解，她积极调动全组教师开展教育教学研究，特别在学生体验式学习上有了新的突破，从学科知识的章节式整体学习模式探索到多元化实验方式探究的课题研究，都力争在更大程度上强化学生的体验式学习，培养学生主动探究的精神和能力。2018年，她参加了由本书主编房静主持的省级重点课题《促进学科核心素养提升的初中体验式校本课程开发研究》，并带领学科组积极参与到课程的开发和研究中。再如，历史学科郭燕飞老师，自山东师范大学历史文化学院专门史专业硕士毕业后到我校工作，之后又考取了山东师范大学历史文化学院世界史专业在职博士，她充分利用自身的学历优势，最大限度地将最前沿的历史学科体验式课程理念应用于教学中。她

主持开发的历史学科体验式校本课程，强调以时空观念、史料实证塑造学生的家国情怀。在教学过程中，她指导学生通过社会调查模式、野外考察模式、文献资料研究模式、畅想论证模式等多种体验式教学模式，充分发挥学生的主观能动性，先后组织赴山东省博物馆、济南战役纪念馆开展实地社会调查模式的体验式教学，策划了改革开放调查访问体验式教学等多种活动。在郭燕飞老师的指导下，学生们就相关主题自己设计提纲、寻找受访人、实地采访调研、进行资料整理，最后再由老师组织交流，对照教材理解教材。在整个学习过程中，不论是在收集历史资料，还是体验历史事件和解决问题中，都有助于提升同学们对于历史问题的解析、应用、整合的能力。在寻本溯源的研究过程中彰显了对国家富强、人民幸福的情感，以及对国家的高度认同感、归属感、责任感和使命感。还有语文学科组的林祥征老师，他是山东师范大学文学院课程教学论专业硕士研究生、高级教师，曾多次被评为历下区、济南市优秀班主任，是历下区优秀教师，所带班级多次获得"济南市先进班集体"称号。他本人积极参与学校班级文化的建设，建立"书香班级"；曾参与学校德育课程的开发与编撰，主编《德育课程班会课教学设计》《德育课程》等校本课程；曾在第四届全国人文研讨会做主题发言《浅谈班级的"亮剑精神"》，该发言文稿被编入《人文教育》丛刊。林老师有着极高的理论水平和实践能力，率先投入到语文学科的体验式校本课程的开发中。以上三位教师只是学校众多优秀教师的代表，学校正是拥有了一批理论水平高、实践能力强，又善于开拓创新的老师，体验式校本课程的开发和实施才得以顺利进行。

近40年来，山东师范大学第二附属中学在党的教育方针的指引下，全面实施素质教育，以立德树人为核心，大胆进行管理创新、教育创新、科研创新和评价创新，积极进行课程改革，不断开发和完善学校校本课程，将学校管理与治理相融合，逐步向现代教育治理转化。坚持"济南市领先、山东省

知名、全国有影响"的目标，推进九年一贯制学校健康发展，努力把学校办成现代化、高质量、有特色、具有实验性和示范性的全国一流名校。学校这一发展目标也是全体山东师范大学第二附属中学人的"二附梦"，这一梦想的实现要靠全校师生的共同努力，而学校是教育人、培养人的地方，因而，从某种意义上说，国家课程、地方课程、校本课程的实施起到了关键作用，尤其校本课程，起到了关键的补充作用。

二、学校原有校本课程的现状

（一）学校原有校本课程现状

山东师范大学第二附属中学一直重视校本课程的开发，经过多年的探索、总结，逐渐形成了"三三六"的课程建设指导思想，即三个方向、三个层次、六个类别：三个方向为指向学生的学生课程、指向教师的教师课程和指向家长的家长课程；三个层次分别为基础能力课程、拓展研究课程和体验创新课程；六个类别则指的是人文与科学、艺术与审美、体育与健康、责任与领导、学习与思维、伦理与道德等。在"三三六"课程建设思想的引领下学校相继开发了面向学生的校本课程。

1.德育课程。以下为德育课程部分内页：

目 录
Contents

一、"三爱"系列主题班会

二、"三心"系列主题班会

5

2015年11月，经过近一年的调研、论证，学校德育课程编委会编制了以"三爱""三心""三成"为核心内容的德育课程读本，自此，德育课程体系基本建立。根据初中三个年级的不同特点，在初一年级实施以"三爱"为核心的德育课程，即"爱家""爱班""爱校"；在初二年级实施以"三心"为核心的德育课程，即"爱心""信心""责任心"；在初三年级实施以"三成"为核心的德育课程，即"成人""成功""成才"。每学期6学时，三年总计36学时，主要通过召开主题班会实施，比如：初一年级有"爱家"系列主题的"家，温馨的港湾""让爱住我家""今日我当家""学会感恩父母——孝道先行"，"爱班"系列主题的"感悟幸福——做个快乐的二附中人""呵护友情""关注安全，共创班级和谐""团结合作，共创辉煌"，"爱校"系列主题的"我骄傲，我是二附中人""做好眼操课间操，锻炼身体人人好""遵守学校规章制度，规范自我一言一行""学校是我家，清洁靠大家"等；初二年级有"爱心"系列主题的"悦纳自我，完善自我""珍爱生命，善待自己""孝敬父母""关爱身边的劳动者"，"信心"系列主题的"扬起信心的帆""理想是信心的路标""坚持是信心的基础""拼搏奋斗是树立信心的唯一途径"，"责任心"系列主题的"责任伴我成长（知责任）""让青春与责任同行（明责任）""做一个有责任心的人（负责任）""责任让我们走得更远（尽责任）"等；初三年级有"成功"系列主题的"崇高的理想，成功的一半""努力奋进，走向成功""大成功源自小成功（成功源于积累）""细节决定成败"，"成人"系列主题的"'成事'中'成人'""坚定信念，励志前行""严于律己，长大成人""在合作中成长，在竞争中进步"，"成才"系列主题的"刻苦学习，立志成才""天生我材必有用——自信心的建立""成才无捷径，学习当奋斗——初三，梦想启航""给青春画个圆——我们毕业了"等。当然这只是校本层面的设计，老师具体操作时可以结合本班的实际情况，再进一步设计

主题班会，完善、补充、深化校本主题班会的设计。

2. 学科课程。学科课程主要是选修课程和学科拓展课程。选修课主要在初一年级开设，每周1课时，一学年约40课时，每周三下午学生以走班选课的形式上课，主要有"文学名著赏析""走近数学世界""西方礼仪""走进玉文化""走进济南（历史）""模拟联合国""书法艺术赏析""科学探究（物理）""玩转机器人""生物科学""我的家乡济南""中学生礼仪规范""跆拳道""轮滑""烘焙"等，学期末由任课教师给予学生考核评价，主要以ABCD等级的形式。

下面是历史学科"走进济南"的课程纲要：

山东师范大学第二附属中学校本课程
"走近济南"课程纲要

参编教师：周学忠、刘新生、林荣、张洁、孙美杰、林窈、郭燕飞、庄琪、任文静

课程类型：校本课程

授课时间：2016.9-2017.7

总课时：15-20课时

授课对象：初一年级学生

【课程简介】

济南是中华文明的重要发祥地之一，中国有一位原始部落的首领——舜(约公元前22世纪)就诞生并生活在济南一带。舜曾在历山耕作，而历山即现在的千佛山。趵突泉边有娥皇、女英祠(约创建于2000年前)，又有祀尧、舜、禹的三圣宫。泉水流经之护城河，即是北魏时期的娥英河，河水东流，经过舜井街的南端，北为舜井。

济南历史悠久，是史前文化——龙山文化的发祥地，区域内新石器时

代的遗址城子崖，有先于秦长城的齐长城，有被誉为"海内第一名塑"的灵岩寺宋代彩塑罗汉、隋代大佛(位于历城区大佛村，凿山而成，建于隋代，为山东第一大佛)。中国首部诗歌总集《诗经》中有谭人所作讽刺诗《大东》，是现存最早的有关济南的文献。济南孝堂山郭氏墓石祠，是中国现存最早的地面房屋建筑；隋建四门塔为全国现存最古老的石塔，均为全国重点文物保护单位。

为更好地进行乡土资源的开发和利用，让学生更好地感受身边浓厚的历史文化气息，特开设此课程。

【课程目标】

一、知识与能力方面：历史知识的传授是历史教学活动的基础，历史知识的学习是发展历史学科能力的条件。历史是人类社会以往的发展过程，走近济南，有利于拉近历史与现实的距离，同课堂教学历史知识相补充，多层次、多方位地培养学生历史学习的基本能力。

二、过程与方法方面：历史课堂上，应结合教学实际，灵活地、创造性地采用不同的教学过程与方法，让学生成为历史学习的真正主人。该课程综合观察、阅读、思维、记忆、研究、总结、评论、调查、收集资料、社会实践活动等教学方法，充分开发和利用课程教学资源，为学生的探究性学习提供了良好的条件，从而有利于教学方法和学生学习方法的改进，从而构建开放性的课堂。

三、情感态度与价值观方面：该课程旨在丰富学生的情感体验，在教学活动中充分尊重和有意识培养学生的社会情感品质，从而发展学生的自我感情调控能力，促使他们对学习生活和周围的一切产生积极的情感体验，形成独立健全的个性与人格特征。

【课程内容】

本课程主要探究以下内容：

一、"山水篇"，主题为"那山，那水，那情"。通过游历济南的名山名泉，佛教名山——千佛山、泉城明珠——大明湖、天下第一泉——趵突泉等，使同学们了解济南自然风光的同时，增强对民族文化、地区文化的认同感、自豪感。

二、"建筑篇"，主题为"探访济南的老建筑"。通过寻访济南老建筑的踪迹，使同学们了解济南古老建筑的风格，激活济南尘封的历史记忆。

三、"人文篇"，主题为"济南自古名士多"。这里诞生了许多中国历史上的著名人物：中医科学的奠基人扁鹊，唐代开国元勋房玄龄、秦琼，中国著名文学家李清照、辛弃疾，现代名人书法家武中奇，美术家韩美林等。通过了解，让同学们知道济南这片沃土所孕育的人才，感受济南独特的人格魅力。

【课程实施】

教学方式：讲授法、讨论法、实地参观、小组合作

学习方式：上网查找、交流讨论、看视频、实地考察

课时安排：15—20课时

组织形式：班级授课

上课地点：各班教室；济南历史古迹

班级规模：　50人

所需物品：教学必需品

【课程评价】

本课程着重过程性评价，通过情境、视频、讨论、实践等学习、活动模式，强调学习者与具体学习内容、情境的交互作用，因此，尽管要对授课内容进行预先规划与设计，但更强调随着活动过程的展开和活动情境的需要不

断生成新的目标、新的主题，体现强烈的过程取向，教师评价与生生评价相结合，珍视学习过程的价值，使每位学生享受学习的过程，体会获得信息的快乐，增长见识、学会观察和反思，并形成一定的历史思维以及良好的学习习惯和素养。

学生成绩的评价主要由学生的态度评价、学习过程中的参与程度的评价、学习过程中的实践评价三部分组成，分优、良、中、合格等等。

【所需条件】实现本课程计划需要学校每周每班安排一节课，每月组织学生一次实地考察，必要时需要学校提供资金帮助。

1.曲水亭街。

2.洪家楼天主教堂。

3.百脉泉公园：以群泉喷涌成湖而著称。园内群泉鼎沸，杨柳染烟，画廊奇阁，宛如画卷。其中百脉泉、梅花泉、墨泉、东麻湾（万泉湖）被列入济南新七十二泉。

4.灵岩寺。

5.芙蓉泉：水位不受季节影响，人称"神泉"。在芙蓉街里，这是一个大隐隐于市的小小的一眼泉，和芙蓉街的热闹喧嚣不同，芙蓉泉反而很安静。

6.历下亭:大明湖上的主要景点，是当年乾隆微服的时候到过的地方。

7.朱家峪村:闯关东的起点。

8.四门塔：位于济南历城区柳埠镇，是我国现存唯一一座隋代的石塔，位于南部山区。

9.西更道街：济南名泉王府池子旁边的一条小巷，北起曲水亭街，南止芙蓉巷，石板路。作为济南老街区的重要枢纽，以其独特的自身魅力吸引了无数中外游客。

10.英雄山烈士陵园：对老济南人来说，这绝对是必去之地。可合唱、

跳广场舞、爬山、下棋、遛鸟。周末的时候旁边还有花鸟鱼虫市场可逛。

11.铁公祠：想了解《明史》，来大明湖必要瞻仰铁铉公的。

12.五峰山。

13.北极阁：坐落在大明湖畔北岸，也称为"真武庙"，是济南市现存最大的道教庙堂。

14.危山兵马俑。

15.南丰祠。

16.大峰山齐长城：位于长清区孝里镇，距长清县城27公里，齐长城绵延大峰山顶1500多米，整个长城绵延起伏十分壮观。

17.佛慧山。

18.黄石崖。

19.千佛山。

20.芙蓉街。

3.学科拓展课程。学科拓展课程则是国家课程的补充，主要涉及三个年级的语文、数学、英语、物理、化学等学业水平考试学科，只是在内容上补充、拓展了国家课程中涉及的相关知识，没有明确而具体的学时要求，主要通过学生作业、教师课堂讲解部分内容的形式实施，比如语文学科的《阳光的味道》《花开的声音》《时光村落》《心灵牧歌》《长成一道风景线》《中华诗文经典诵读》等，英语学科的《悦读存折》，数学学科的《拓展式数学》，物理学科的《生活中的物理》，化学学科的《生活中的化学》等。

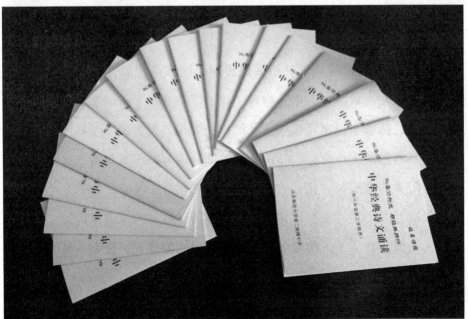

语文学科校本课程

以下是选自语文学科《阳光的味道》第一单元的第二篇文章，席慕蓉的《想您，在夏日的午后》：

想您，在夏日的午后

席慕蓉

我很想您，妈妈。夏天又来了，想这时，新北投的那个小山坡上，一定又是绿意盎然了吧，您在做什么呢？也许是在开满了花的园里乘凉，也许是带着小狗们在山路上散步，或者，是在客厅里坐着，然后又不自禁地拿起我们的相片簿子来，一页一页地翻着，就把时间一页一页地打发过去了。或者，您正抬头看墙上那一张我前年寄回去的油画，画上那一片蓝天，那一小朵白白的云。

妈妈，那就是后面山坡上停着的那一朵哩！它跟着我，从南台湾飞过大海，从家后青青的山坡上飞到欧洲灰暗的城市里，而在那些城市里，总有雨丝在很不耐烦地下着，无精打采，敷敷衍衍地下着，而我就靠着那一小朵白白的云彩，度过了那最难受的一段想家的日子。

再没见过那么蓝的天了。可是我的画上总保有着一块蓝，那蓝是只属于家后的青青的山坡上的。没有一个欧洲的同学会用我那种蓝，尽管颜料是从同一个牌子里挤出来的。最后，他们都听从教授的劝告，往别的色调里走去了。其实，我现在的画里，也用黄，也用红，也用棕，可是，在那一段日子里，在那一段刚离开家的日子里，每个早上在画室里埋头作画，而思绪就跟着那一小朵云飘着，飘过大海，飞到屋后有着相思林的山坡上，小溪流过还很年轻的树林，流过后墙，溪水反映着大屯山上的天空，而那天空，在游子的心中，那是怎么样的一种蓝啊！

我很想您，妈妈，尽管离开您已经快五年了，尽管我已长大了，毕业了，结婚了，可是，思念您的心仍然一样。我很高兴这个暑假，爸爸可以回家了，您可以不太闷了。记得两个姐姐刚出国时，正是我大三的暑假，在太阳好大的下午，明明邮差来的时间还早，您仍然一次一次地穿过花园向大门

口的信箱走去，信箱设在岩石砌成的矮墙上，在屋里的我，常常听见您关信箱门的声音，空空地在石墙里碰击着，我的心也好像被碰去了一样。

两年后，我出国了，妹妹写信来，说："妈妈仍然一趟一趟地在信箱和客厅前的石阶之间来回地走着，院子里的花长得比以前更高了……。"而我就会想到，那好大的太阳，好蓝的天，和您在下午眩目的阳光下微微地闭着眼，从大门口穿过花园往屋里走回来的样子，手里空空的，而我就又会听到那信箱门碰在石墙上的空空的声音。尽管在那时候，姐姐们和我，写信都写得很勤，可是仍然不能使您在每一次打开信箱时，都会看见一封蓝蓝的信，而在慈母的心中，那是怎么样的一种蓝啊！

去年五月，我结婚了，刚好那时两个姐姐以及妹妹都在欧洲，爸爸来给我主持婚礼。那天早上，下着很细的雨丝，就是布鲁塞尔下惯了的那一种。坐在礼车里的我，有说有笑，轻松得很，当然，我役有什么可担忧的，爸爸在前座，他在我身边，手中抱着一大束他送给我的纯白的新娘花，我是快乐的。

车子驶进了教堂前石板砌负的院子，在古老的石刻的大门前停下，很多朋友都在等着了，我听见他们说："来了，来了。"

有人替我打开车门，雨已停了，我的头纱飘在风里，刚才在车里不觉得，可是一置身在白日的光辉里，我的新娘礼服竟出奇的白。

忽然有一个感觉，有一个问题："妈妈结婚的那一天，也是穿着这样自的礼服吧？"心里开始觉得有一点紧紧的了。这时他和证人已向前走去，风琴声在古老的教堂里回响。爸爸伸出手挽住我，一步一步地沿着紫红的地毯往前走去。这时候，那个感觉慢慢地来了，妈妈，结婚的我，仿佛是三十年前的您，正光采焕发的，在纯白的纱、纯白的真珠、纯白的小花的装饰之下，向着年轻的新郎走去。然后，就是那蜜也似的日子，然后就是那漫天的战火，然后，孩子一个一个地出世。在每一个孩子诞生的前夜，您都曾梦见

一个开满了花的花园。然后，孩子长大了，长得都很像妈妈，也很像爸爸。在新北段的山坡上，我们有了一个第一次属于自己的花园（那园中的第一棵树——一棵桂花，还是我种下去的哩。）然后，花还没有开满，孩子们就一个一个等不及似地飞开了，就像一朵一朵的夏日午后的云彩。院子里的花越长越高，而做母亲的就一趟一趟地在信箱和屋门前的石阶之间来回地走着，好大的太阳，好蓝的天，好寂寞的一颗心。而离家的孩子们常常做梦，每一个人的梦里，都有一个开满了花的花园。好寂寞的一个花园啊！

　　风琴奏着巴哈的Jesus Que Ma Joie Demeure，婚礼已近尾声，一直面容很严肃的他，侧过头来凝视着我，好温柔的眼神。我禁不住想对他说："我好想妈妈。"在平时，只要我这样一说，他就会把我环抱起来，百般地抚慰。可是，我现在穿着新娘的礼服，好多朋友都在身后，而这教堂这么大、这么空，而在几千里外的妈妈正在盼望着女儿会有一个快乐的婚礼。于是，我就竭力地去想一些别的事情，竭力地吞咽着那就在喉咙里作怪的紧紧的感觉，我就终于没有流一滴泪。

　　但那忍住的泪，仍然在好几个月以后流出来了。有一个晚上，他带我出去看电影（结婚以后，永远是他爱看的西部片）。银幕上的女儿长大了，和银幕上的英雄结了婚，在婚礼告成以后，新娘的母亲搂着一身纯白的女儿，照了一张相。两张很相似的脸庞，两个很相似的笑靥，就只是母亲的头发已经白了。而就在那一刹那，我知道我的遗憾是什么了，那忍住的泪，终于热热地流了下来。

　　妈妈，我很想您，我很想回家。想家后那青青的山坡，那一小朵白白的云又出现了，在这夏日的午后，飞过山坡，飞过大海，又飞到您女儿的心中了。

　　教师要求学生认真通读原文，并大声朗读，用自己的话概括内容，写出文章主旨，同时把老师在文中画出的优美语句进行批注。

（二）学校原有校本课程的优点及不足

学校原有校本课程有着较为突出的优点，但也有着较为明显的不足，比如：

1. 原有校本课程有着明确的课程开发指导思想，但课程开发和实施缺乏顶层设计，课程结构也较零散。学校对于校本课程的开发有着明确而统一的指导思想，即"三三六"的指导思想，但是在进行校本课程的开发和实施时却没有顶层设计，只是要求每个学科都要有一门校本课程作为国家课程的补充，这样就导致了指导思想与课程开发和实施的脱离，出现"思想是思想，课程是课程"的状况。

2. 原有校本课程的开发和实施在一定程度上弥补了国家课程的不足，但更多关注的是知识层面的，也就是学生发展核心素养中的"文化基础"方面，而"自主发展"和"社会参与"方面体现较少，或者根本就没有体现，不能更好地培养和促进学生发展核心素养的提升。比如，开发内容较多的语文学科，虽然有《阳光的味道》《花开的声音》《时光村落》《心灵牧歌》《长成一道风景线》《中华诗文经典诵读》等六个读本，在很大程度上拓展了学生的视野，扩大了学生的阅读量，提升了学生的阅读能力和语言表达能力，也促进了学生的思维发展和鉴赏能力的提升，但是所有的读本都是基于阅读教学，是对名篇美文的赏析，而语文学科核心素养"是学生在积极的语言实践活动中积累与构建起来，并在真实的语言运用情境中表现出来的语言能力及其品质；是学生在语文学习中获得的语言知识与语言能力，思维方法与思维品质，情感、态度与价值观的综合体现"，原有校本课程缺乏"真实的语言运用情境"的创设。

3. 原有校本课程的开发和实施考虑了学生的实际需要和实际水平，但是更多的开发依据还是老师的特长，随意性较强，缺少统筹安排。比如，

数学学科开发的"走进数学世界",考虑了我校学生大部分毕业于山东师范大学附属小学,该所小学是济南市的优质小学,学生思维活跃、知识面广,但是学习兴趣不持久、动手计算能力较弱,针对这种情况,"走进数学世界"主要采用动画的形式,让学生感受到数学的奇妙和有趣,更多的是让学生练习计算能力,当然这也主要是因为数学组内一名教师对各类视频非常感兴趣,又善于积累素材,从而促进了该门课程的开发和实施;历史学科开发的"走进玉文化"就更为明显了,前期没有进行调研,并不知学生是否对玉文化感兴趣,只是因为组内有一位历史老师对玉文化极为感兴趣并有一些研究,想让更多的学生了解中国的玉文化,所以就自己搜集资料,开设了这门课程。这样的课程开发导致随意性强,缺少稳定性、系统性和专业性,往往会由于某一个老师的改变而影响到整个课程的实施,不利于学生和学校的发展。

4. 原有校本课程的开发和实施从某种程度上来说实现了形式上的多样性,但仍然是以课内学习为主,最多是增加了活动课的内容,并未增加内涵的多样性。无论是选修课中的"文学名著赏析""走进数学世界""西方礼仪""走进玉文化""书法艺术赏析""科学探究(物理)""生物科学""我的家乡济南""中学生礼仪规范",还是拓展课程中的《阳光的味道》《花开的声音》《时光村落》《心灵牧歌》《长成一道风景线》《中华诗文经典诵读》《悦读存折》《拓展式数学》《生活中的物理》《生活中的化学》,都是要么通过教师布置任务去完成,要么通过教师在课堂上的统一讲解处理完成,而"跆拳道""轮滑""烘焙""玩转机器人""模拟联合国"等课程,虽然有学生动手实践的过程,但是主要是以活动课的形式来进行,缺乏真正意义上的体验探究,更缺少真实情境的体验。

5. 原有校本课程的开发和实施重视了对学生的评价,但是不够系统和具体,教师随意性较强。原有校本课程对于评价提出了等级评价的要求,

并设定了ABCD四个等级，但是ABCD的标准并不明确，也没有统一的要求，全凭老师个人的主观判定，甚至有时会受到老师情绪的影响，缺乏客观、公正、系统。对于评价结果如何使用，学校也没有统一而系统的规划，使得评价变得可有可无，学生、家长、教师都缺乏重视，这也使得课程实施效果大打折扣。

6. 原有校本课程的开发和实施中，各课程含有课程目标、课程内容、课程实施和课程评价，注重了课程要素的完整性，但是每个课程的各要素的构建缺乏科学的论证，缺乏理论和实践的支撑。学校整体校本课程缺乏宏观的课程目标、课程内容、课程实施和课程评价，更没有完整的开发策略，不能使各课程形成完整的课程体系，不能更好地体现学校的课程开发理念、实现学校的发展目标，更不能很好地为开发其他校本课程体系提供有效的范本。

三、促进学科核心素养提升的初中体验式校本课程开发的策略

学校经过近四十年的发展，又有了原有校本课程开发积累的经验和教训，对于体验式校本课程开发的重视程度和科学性指导都比以往更进了一步，经过反复研讨和专家论证，逐渐明晰了促进学科核心素养提升的初中体验式校本课程开发的策略。

（一）促进学科核心素养的发展

2014年教育部颁发了《关于全面深化课程改革、落实立德树人根本任务

的意见》，其中明确提出"研究制定我国各学段学生发展核心素养体系"，这是我国首次在国家文件中提出"核心素养"一词。顾明远先生在分析当前课程改革中关于课程目标、课程教学、课程内容、课程实施等方面的要求时，提出必须要立足于学生的终身发展和未来社会的需要，培养学生的核心素养，这是"课程改革的原动力"。[1]学生发展核心素养归根到底是解决"培养什么人"的问题，而"怎样培养人"则需要课程改革、课程实施来实现，需要通过学科核心素养的培养和发展来落实。各学科核心素养中几乎都提到了"真实情境""实践运用""亲身体验"等要求，比如，语文学科提到"语文学科核心素养是学生在积极的语言实践活动中积累与构建起来，并在真实的语言运用情境中表现出来的语言能力及其品质"，数学学科提到"数学学科核心素养是数学课程目标的集中体现，是具有数学基本特征的思维品质、关键能力以及情感、态度与价值观的综合体现，是在数学学习和应用的过程中逐步形成和发展的"，地理学科中一个非常重要的核心素养就是"地理实践能力"，"指人们在考察、实验和调查等地理实践活动中所具备的意志品质和行动能力。考察、实验、调查等是地理学重要的研究方法，也是地理课程重要的学习方式。'地理实践能力'素养有助于提升人们的行动意识和行动能力，更好地在真实情境中观察和感悟地理环境及其与人类活动的关系，增强社会责任感"。体验式校本课程最大的特点就是"体验"，为学生提供了亲身体验、实践探究的机会，弥补了国家课程、地方课程以及原有校本课程的不足，能够有效促进学生学科核心素养的发展。

（二）树立正确的课程开发理念

1. 知行合一的思想。明朝著名思想家、教育家王阳明第一次明确提出并

---

[1] 顾明远.核心素养：课程改革的原动力[J].人民教育.2015（13）：17-18.

论证了"知行合一"的问题。王阳明认为知行尽管可以分为两个方面说，但不能"分为两截"去做，知不离行，行不离知，两者互为表里，不可分割。因此他谈到"求理于吾心，此圣门知、行合一之教，吾子又何疑乎"；[1]孙中山先生也曾提出"行其所不知以致其所知"，号召大家在行中求知；伟大领袖毛主席指出"实践是检验真理的唯一标准"，提倡"知行合一"；而真正在教育范畴提倡"知行合一"并付诸行动的则是人民教育家陶行知先生，他强调生活即教育、教学做合一、行是知之始，即教育应该发生在生活中、社会中，教法、学法、做法是不可分割的，教法、学法都来源于做法、统一于做法。这些都表明亲身实践和体验对于学习来说是十分重要的，体验式校本课程应该体现"知行合一"的思想。

2. 人本主义思想。当代的人本主义教育思想是以马斯洛和罗杰斯等人为代表的人本主义心理学思潮的兴起为先导的。"人本主义教育学倡导教人、做人、成人的教育，以期达到自我实现；主张将情智融为一体，开展以学生为中心的学习；并主张进行课程改革，实施意义学习和经验学习；认为学习是一种人际的相互影响，在学习的过程中，要充分发挥教师'促进者'的作用。在课程设置方面，人本主义教育学反对'非人性化'的学问中心课程，主张同时开设学术性课程、情意课程和自我实现课程"。[2]人本主义思想突出了学生的主体地位，强调对学生的理解、尊重和信任，要求教育回归到人的发展的原点，认为学习的本质是促进学生成为全面发展的人。人本主义思想重视人的自我实现，重视学习者的认知结构，强调个性与创造性的发展，主张给学习者学习的自由和自我选择、自我发现的机会，为学习者提供开放的、探索式的学习环境，发展学习者的思维和解决问题的能力。体验式校本

---

[1] "知行合一"的道德教育论，中国幼教网，2008.

[2] 车文博. 人本主义心理学[M]. 杭州：浙江教育出版社，2003：437.

课程为学生创设真实而开放的情境，尊重学生的自我选择，让学生在原有认知结构的基础上发展思维、提升解决问题的能力。

3. 多元智能理论。20世纪80年代美国著名心理学家和教育家加德纳提出了多元智能理论，该理论认为人类的思维和认识方式是多元的，他提出了具体的 8 种智力，即语言智力、逻辑——数学智力、视觉——空间智力、音乐——节奏智力、肢体——动觉智力、人际交往智力、内省智力、关于自然的智力。每一个人都具有不同类型的智力中的一种或其中几种，每个人生来的智力水平都是不同的，但是在后天的学习中，教师可以教学生学习他们原来没有或者较弱的智力，学生也可以根据自己的意愿去学习自己原本没有或表现力较差的智力。因而，在教育过程中我们要持积极乐观的态度，相信每个学生在智力组合的类型上都各具特色、各有所长、在发展的方向上存在一定的差异，我们要充分发挥学生的优势，因材施教，既要根据学生的实际设计课程内容，允许拥有不同智力的学生完成不同的任务，又要根据不同的学生采取不同的教学方式，根据每个人的不同特性进行正确的引导，相信"天生我材必有用"，进行"因材施教"。体验式校本课程允许不同的学生根据个人的能力、兴趣、特长选择不同的主题以及小组中的不同角色，最大程度上尊重了学生的差异，使每个学生都能在自己的原有基础上得到不同的发展。

4. 发现学习论。该理论由美国著名心理学家布鲁纳提出，并成为20世纪最为经典的学习理论之一。布鲁纳认为，学生的学习行为虽然受环境等各种因素的影响，但更重要的是独自遵循他自己特有的以直觉思维为主的认识程序。因此，课程与教师的作用是要形成一种学生能够独立探究的情境，而不是仅仅提供现成的知识。发现学习理论特别强调学生学习的过程不是记住课程内容的过程，而是通过课程与教师激发想象，边做边想，边想边做，自主思考，甚至在不断地"试误"（缺乏相关知识背景的情况

下）中掌握正确的方法，以此主动获取知识并建立起属于自己的关于该课程知识体系的过程。

（三）进行合理的顶层设计

顶层设计是工程学中的概念，其本义为统筹考虑项目各层次和各要素，追根溯源，统揽全局。它强调运用系统论的方法，从全局的角度，对某项任务或某个项目的各方面、各层次、各要素统筹规划以集中有效资源，高效快捷地实现目标，它内含着理念一致性与自下而上的动力支持。由于其系统思考的方法论意义，顶层设计已经走出工程学的圈囿，走向了社会发展的各个领域。教育领域也不例外，顶层设计有利于实现教育的科学发展，将顶层设计理念与学校课程建设相结合，用全局的视角和系统的思维来思考学校课程建设问题，重视学校课程的整体性，重视学校课程体系的构建与课程实施和课程评价的有机结合，重视学校课程的整合设计，不仅要整合三级课程（国家课程、地方课程、校本课程），更要整合学科知识课程与活动课程，结合学校理念和培养目标、学校发展目标，融合课内学习方式与课外学习方式，运用不同的教学方法，从而提升、统领学校课程建设。山东师范大学第二附属中学的体验式校本课程从一开始就是在学校执行校长的带领下，以学校的教育教学理念和学校课程建设思想为指导，着眼于学校发展目标和对学生的长远培养目标以及基本培养目标，组建课程建设领导小组和工作小组，邀请大学教授专家做指导，系统地规划学校课程结构、内容、实施和评价，从而形成学校课程体系，优化学校课程结构，完善学校课程要素，突显学校课程的整体性与结构性，从而达到真正促进学生的全面发展和教师的专业化发展的目的，进而推动学校的全方位提升。

（四）提供强有力的保障体系

1. 制度保障。制度保障包括三个方面：一是要有校本课程开发的相关制度，二是这些制度要得以实施，三是这些制度的实施要达到一定的效果。为了避免校本课程开发的盲目性，确保校本课程开发和实施的有效、有序，学校着手建立科学健全的工作机制来规范和指导校本课程的开发，逐步建立起校本课程开发的长效机制。为使校本课程取得预期成效，学校安排由主管教学的校长牵头，教务处、教科室、政教处、骨干教师等进行统筹规划，制定校本课程开发的实施方案和细则，出台了《山东师范大学第二附属中学校本课程开发实施方案》，为校本课程的开发提供了具体的制度文件指导；为确保制度落实到位并取得效果，学校除了成立相关领导小组外，还建立有关的评价制度，成立评价小组对校本课程的开发情况及实施效果进行评价，对评价效果好的校本课程进行物质激励和精神激励。

2. 组织保障。成立学校校本课程开发领导小组、校本课程实施小组和教科研领导小组。学校成立校本课程开发领导小组，由执行校长任组长，教务主任、教科室主任、政教主任任副组长，学科组长、骨干教师任组员，主要负责校本课程开发的调研、开发、完善等；校本课程实施小组则由教务主任任组长，各学科组长任副组长，各学科教师任组员，主要负责具体落实校本课程的实施、评价；课程评价小组由学校校长任组长，业务校长任副组长，教科室主任、教务主任、政教主任任组员，并邀请专家教授作为顾问，主要负责评价校本课程开发的规范性、内容的适切性、实施的扎实性，并就相关情况反馈给课程开发领导小组。有了这一系列的从始至终的组织上的保障，可以确保学校校本课程自准备阶段至实施、评价阶段的有效性。

3. 经费保障。经费保障是解除课程开发的经济负担、促使教师充分发挥优势的保障，这是校本课程开发的重要保障，包括对教师的专业培训、校本课程开发的调研费用、校本教材印刷费用、校本课程实施过程中的花销等。山东师范大学第二附属中学历来重视对教育教学科研的投入，每年仅用于各类教师培训、调研、聘请专家指导、校本教材印刷、各类学生活动费用、学校文化建设等的费用高达近800万元，占学校总的公用经费支出的近40%。

4. 队伍保障。这个队伍包含了学校各级领导、教育行政人员、全体教师、全体学生、学生家长以及教授专家等，不同的角色有不同的眼界，他们因经验和学识的不同而各有所长，对同一个问题会有不同的看法和观点，学校课程开发需要来自不同水平、不同利益的群体的声音，各种不同的观点、思维进行反复碰撞，产生火花、达成一致、实现共同的目标。学校各级领导，尤其是校长，对学校的整体情况和课程建设是最为了解的，校长是学校课程建设的领导者、组织者和策划者；学校其他管理干部对学校的某一项工作有着更为详细的了解，比如教务主任对学校教师水平、工作积极性、课程开发能力，对学生的知识水平、接受能力、知识面，对师生关系是否融洽等是最为了解的，这对于学校校本课程的内容、形式以及实施方式的选择都极为重要，因而学校各部门管理干部是学校课程开发的参谋者、执行者、评价者、反馈者；无论什么课程都必须要通过各学科教师去落实，学科教师的专业化水平、对课程的理解程度、对课程内容和理念的认可度、对课程目标的明晰度、课程实施方式如何选择等，直接影响到课程实施的效果，因而各科教师是课程的实施者、反馈者、受益者；所有的课程、活动都是通过学生发生的，不同的学生有不同的兴趣爱好，不同家庭背景的学生有不同的发展诉求和知识储备，只有结合学生的需求，才能保证课程的适切性，才能保证课程开发的意义和实施的效果；学生家长在课程建设中也起着举足轻重的作

用，家长的受教育程度高低、阅历是否丰富、对孩子教育的期望值的高低，都影响到家长对学校课程建设的支持度，他们是学校课程建设的参谋者、支持者、体验者、反馈者和促进者；教授专家具有较高的理论水平和专业水平，他们是学校课程建设的引领者、参与者、评价者，能够给予学校课程建设较高层次的理论指导，使学校课程建设一开始就有较高起点，可以避免学校课程开发的盲目性，使学校课程开发具有科学性、开放性、时代性、前沿性等优势。

山东师范大学第二附属中学促进学科核心素养提升的体验式校本课程由本书主编房静亲自组建团队开发。房校长2001年由山东师范大学外国语学院毕业，在山东师范大学第二附属中学一直担任英语教学和班主任工作，具有丰富的一线教学经验和班级管理经验，深入了解教师和学生的真实需求，2014年考取山东师范大学教育学部教育管理专业研究生，师从曾继耘教授，2017年顺利毕业并取得硕士研究生学位，很大程度上提升了教学管理理论水平。2017年起负责学校建大校区中学部的教育和教学工作，能够很好地协调教务和政教的工作，使两个部门的工作互相配合、互相补充、完美合作，更加有效地促进教育教学的良性发展。这样一位既有较高的理论水平又有丰富的实践经验，还有较高的协调能力的执行校长任体验式校本课程开发的总指挥，足见学校对该课程开发的重视，这也是非常重要的人员保障；在本书前面介绍学校概况时就已经介绍了学校的师资情况，无论是学历情况，还是省市级名师、学科带头人、各级教学能手、优质课获奖者等获奖教师，山东师范大学第二附属中学的老师可以说在济南市乃至山东省都是首屈一指的。教师水平高、能力强，一切以学生为中心、为了学生的健康全面发展着想，这样的教师团队能更深刻地理解体验式校本课程的理念、内涵、目标等，从而有效地保障了课程的内容、实施及评价的水平和质量；山东师范大学第二附属中学的学生大部分是山东师范大学、山东建筑大学、山东省教育厅、山东

师范大学第二附属中学、山师附小、山师附中等单位的职工的子女，这些学生的家庭环境稳定、家长素质高，从小就接受了较好的家庭教育，养成了积极的人生观和良好的学习习惯，有着较广的知识面，多才多艺，对学科知识有着较高的渴望，对活动课程有着较高的参与热情，也更希望通过体验、实践去探究和验证相关知识，这样的学生作为体验式校本课程的参与主体，极大地保障了课程的顺利开展和实施，有时甚至会创造出令老师意外的惊喜；学生家长大部分都是知识分子，知识水平高、工作稳定，有着较为稳定和固定的教育、管理孩子的时间，有着较为科学的教育孩子的方法，有指导孩子学习的知识储备和能力，有着对孩子长远发展的期盼，这使得家长能够极快地理解学校体验式校本课程的开发和实施意图，从而大力支持课程的实施，并提供力所能及的各方面的协助；由于山东师范大学第二附属中学办学的独特优势，两个校区分别依托了山东师范大学和山东建筑大学，因而两所大学的专家教授对山东师范大学第二附属中学也是诸多"偏爱"，学科教学的专家、教育学的专家、课程论的专家等各类专家教授经常到学校进行听课、座谈、访谈、问卷等调研活动，对于学校体验式校本课程的建设与开发更是鼎力相助，例如教育学部专长研究教育研究方法的曾继耘教授、专长研究信息科学技术的赵建民教授、从文学院转到商学院专长研究教学法的史洁教授、数学与统计学院专长研究教学法的傅海伦教授、外国语学院专门研究教学法的徐立乐教授等，给学校课程开发提供了理论指导和引领，确保学校课程建设在科学的轨道上进行。

（五）充分利用各方面的课程资源

广义的课程资源是指"为课程设计、实施和评价等整个课程教学过程中可资利用的一切人力、物力以及自然资源的总和，包括教材、教师、学生、家

长以及学校、家庭和社区中所有利于实现课程目标，促使教师专业成长和学生有个性的全面发展的各种资源"。[1]这里所说的课程资源指的是广义的课程资源。比如，教育部颁发的2011版《义务教育数学课程标准》详细阐述了数学课程资源开发与利用建议，"数学课程资源是指应用于教与学活动中的各种资源。主要包括文本资源——如教科书、教师用书，教与学的辅助用书、教学挂图等；信息技术资源——如网络、数学软件、多媒体光盘等；社会教育资源——如教育与学科专家，图书馆、少年宫、博物馆，报纸杂志、电视广播等；环境与工具——如日常生活环境中的数学信息，用于操作的学具或教具，数学实验室等；生成性资源——如教学活动中提出的问题、学生的作品、学生学习过程中出现的问题、课堂实录等。数学教学过程中恰当地使用数学课程资源，将在很大程度上提高学生从事数学活动的水平和教师从事教学活动的质量。教材编写者、教学研究人员、教师和有关人员应依据本标准，有意识、有目的地开发和利用各种课程资源"。[2] 2011版《义务教育历史课程标准》中也提出"充分开发历史课程的各种资源""历史教科书是开展历史教学活动的重要依据，是历史教育资源的核心部分""学校图书馆是课程资源的重要组成部分""多方面开发和利用校外历史课程资源。一是利用历史遗迹、遗址，以及博物馆、纪念馆、展览馆、档案馆、爱国主义教育基地等，组织学生参观，增强直观的历史感受。二是利用乡土教材和社区课程资源。乡土教材和社区课程资源对学生的历史学习和历史感悟大有裨益。还应随时随地发现和利用本地区丰富的人力资源，……"[3] 可见，在教育部颁发的各学科的课程标准中有明

---

[1] 教育部基础教育司，师范教育司．课程资源的开发与利用[M].北京：高等教育出版社，2004：4.

[2] 中华人民共和国教育部制定：义务教育数学课程标准［M].北京：北京师范大学出版社，67-71.

[3] 中华人民共和国教育部制定：义务教育历史课程标准［M].北京：北京师范大学出版社，45-47.

确的课程资源开发与利用的建议。山东师范大学第二附属中学的体验式校本课程即充分开发和利用了各类课程资源，比如分学科的巡游课程，主要是让学生去博物馆和大学巡游，尤其是山东省博物馆和山东建筑大学的巡游。山东师范大学第二附属中学建大校区距离山东省博物馆有二十分钟的车程，距离山东建筑大学步行只有不到十分钟的路程，具有独特的地理位置优势。以山东建筑大学为例，大学环境优美，各类植物品种繁多、枝繁叶茂，是天然的生物课堂，还具有各种特色建筑，既有从几十公里外平移而来的"老别墅"，又有彰显历史文化的"地契馆"，还有体现地理和民俗特点的"海草房"，作为一个综合各学科知识的移动课堂是再合适不过了。而且山东建筑大学团委培养了一大批优秀的大学生志愿讲解员，对于每一个场馆的历史、特点、蕴含的知识文化等都了如指掌，他们与中学生年龄差距小，更能够使用与中学生贴近的语言将知识传达给学生，易于学生理解和掌握。学生家长对于巡游课程也极为支持，每次都积极主动提出为学生做好安全随行等保障工作。

（六）确保课程要素完整

课程要素是理解课程的重要途径。美国著名课程论专家施瓦布认为课程是由四个要素构成的，即教师、学生、教材和环境；但也有的专家认为课程是由三个要素构成的——教师、学生、课程或者教育者、受教育者、教育情境；还有的专家认为课程是由五个要素构成的——教师、学生、课程、方法和教学媒体；斯基尔贝克则认为课程是由计划与方案、学习材料、器材与设备、专业知识以及评估和考核团队的要求等要素构成的；美国学者泰勒则认为课程要关注四点：目标、内容、怎样才能有效地组织这些教育经验、怎样确定这些目标正在得以实现。经过研究和分析，山东师范大学第二附属中学确定促进学科核心素养提升的体验式校本课程的要素为课程目标、课程内

容、课程实施和课程评价等四个要素。课程从一开发就按照规范的格式进行，要求课程要素的完整性。

1. 课程目标。课程目标是指课程本身要实现的具体目标和意图，是课程发展方向的指导，它明确和规定了学生通过课程学习以后，在发展品德、智力、体质、美育、劳动等各方面期望实现的程度，它是确定课程内容、教学目标和教学方法的重要依据。从某种意义上说，课程是实现国家、地方、学校教育目的的媒介和重要手段，因而，课程目标是整个课程编制过程中最为关键的指导准则。制定课程目标，首先要明确教育目的和培养目标，以便确保这些要求在课程中体现并通过课程的实施得以实现；其次要对学生的特点、社会的需求、学科的发展等各个方面进行深入的研究，从而确保课程目标的有效性。课程目标应遵循现实性（即是否符合实际情况、可操作），全面性（即促进学生德智体美劳全面发展），平衡性（即多学科的共同发展），以及针对性（即符合学校实际、学情等）原则，还应关注教师的"教"与学生的"学"以及课程内容与社会需求的关系等。

山东师范大学第二附属中学促进学科核心素养提升的体验式校本课程的总目标是：通过体验式校本课程的学习，让学生获得亲身参与、科学探究的体验，提高学生发现问题和解决问题的能力，提升学生的创新实践能力，让学生在实践探究中学会合作与分享，加强团队精神和目标意识，提高学生的责任意识与担当意识，培养学生的科学精神和自主发展能力，培养社会责任心和使命感。

2. 课程内容。廖哲勋、田慧生主编的《课程新论》中提到：课程内容是根据课程目标有目的地选择出来，并按照一定逻辑组织和编排的各种直接经验和间接经验的知识体系，是一系列比较系统的直接经验和间接经验的总和。它是课程内在结构的有机组成部分，是课程的核心要素，直接决定了课

程目标能否实现。课程内容的选择受到社会因素、课程资源情况以及学生的身心发展规律和知识储备等因素的制约。[1]

　　山东师范大学第二附属中学促进学科核心素养提升的体验式校本课程的内容根据体验式校本课程的课程目标，结合各学科核心素养的要求以及各学科的特点和学校自身校内外资源的优势，将体验式校本课程的总体课程内容整理如下：

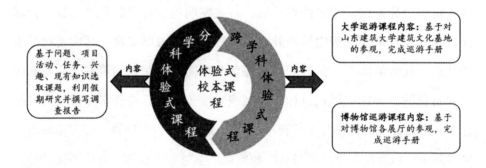

体验式校本课程内容

　　促进学科核心素养提升的体验式校本课程的课程内容又根据涉及的学科是否有交叉和融合分为了分学科体验式课程和跨学科体验式课程。比如分学科体验式校本课程的课程内容为：建议从济南或自己的家乡等身边一些亟待解决的问题角度选题，开展调查研究，撰写调查报告或写一份家乡发展建议书，为经济和社会发展献策出力，可结合"春节、元宵节等传统节日"及"说家风、话家训、写家书、谈家教、识家谱、明家史、秀家宝、赛家宴"等系列活动选题，开展主题调查，撰写研究报告，也可以根据实际情况确定其他课题。（以下课题仅供参考）语文学科：中国传统文化历史悠久，博大精深。学习和继承

[1] 廖哲勋，田慧生.《课程新论》［M］.北京：教育科学出版社，2003：180-183．

传统文化，既是我们每个人的责任，也对我们的成长有着积极的意义。中华传统文化包括思想、文字、语言，之后是六艺，也就是礼、乐、射、御、书、数，再后是生活富足之后衍生出来的书法、音乐、武术、曲艺、棋类、节日、民俗等。传统文化是我们生活中息息相关的，融入我们生活的，我们享受它而不自知的东西。寒假中，请以小组为单位，选择任意一个传统文化的话题，通过实践活动，写出你们的实践报告，建议：记录参加活动的过程；介绍相关的传统文化；写出活动的意义；写出参加活动的收获。

3. 课程实施。课程实施是落实课程内容、实现预期教育结果的手段，是对课程方案中所涉及内容的落实情况，实施的效果如何，取决于课程执行者对课程方案的理解水平和落实程度。课程实施也是一个动态的过程，在实施的过程中，执行者应按照实际的情况对课程进行一定的调适，以便让课程内容更好地符合学生的特点和发展需求，从而更好地实现课程目标。总之，课程实施是将规划的课程付诸实际教学行动的实践历程。

山东师范大学第二附属中学促进学科核心素养提升的体验式校本课程的课程实施紧密结合了学校和学生的特点，根据课程内容确定了如下实施方案：课程实施过程主要以学生的学科活动体验为主要形式，辅之以文本性手册或研究报告。无论是分学科体验式课程还是跨学科体验式巡游课程都是按照"学习酝酿——制定计划——体验实施——成果展示"的流程实施，但两者也有不同之处，在"学习酝酿"阶段，分学科体验式校本课程主要是学生自己按照兴趣选取课题、组建小组的过程，跨学科体验式校本课程则是学生分组进行巡游启动仪式的过程；在"制定计划"阶段，分学科体验式校本课程是学生之间确定分工、研究步骤等事项，而跨学科体验式校本课程不仅需要进行具体分工，还需要学生阅读巡游说明和与巡游内容相关的佳篇名段，从而为顺利巡游奠基；在"体验实施"阶段，分学科体验式校本课程主要利用寒暑假完成，故而在分学科体验式校本课程实施过程中学生的主体性较

强，而跨学科体验式校本课程则是在教师的领导与指导下完成的，教师主导与学生主体的角色得到加强；在"成果展示"中，分学科体验式校本课程要求学生撰写课题报告，内容主要包括问题的提出、研究过程（方法）和研究成果三大方面，而跨学科体验式校本课程则是要求学生完成巡游手册后，每人撰写300字的巡游报告，内容主要包括巡游过程中的所见所闻和巡游收获感悟两个方面。

4. 课程评价。校本课程的评价指的是对校本课程的内容、实施过程、目标达成情况的评判和价值分析，评价主体要进行统筹规划，对学校的课程发展过程或课程成品进行系统而有计划的资料收集与分析，评判价值的同时诊断学校课程存在的问题，进而达到引导课程的完善、促进学生的全面发展、推动教师的专业成长以及提升学校教育品质的目的。为了使课程评价更加客观、有效、真实，评价主体应该多元化，由学校管理者、教师、学生、家长、专家等多元主体共同参与，借助灵活多样的方法，实现对校本课程的规划、设计、实施及结果等进行客观描述和价值判断。课程评价贯穿在整个课程的开发和实施过程中。山东师范大学第二附属中学对于课程的评价就遵循了主体多元化的原则，量化评价和质性评价相结合，采取了问卷调查、档案袋评价法等多种方法，专门制定了课程评价方案。

在具体的课程实施过程中，除了对课程本身进行评价，还对学生的参与和学习情况进行评价，比如分学科体验式校本课程的评价体系。

1. 评价说明：

（1）学生的分学科小课题研究成果情况计入个人学分。初中阶段每学期需要完成1个研究课题，每个课题按10学分计入学生个人成长档案，该研究必须在学校统一安排的时间内完成。

（2）评选优秀体验式课题研究成果。以年级为单位对学生课题进行评

选，按总课题数的30%评为优秀、50%评为良好、20%评为合格。学校将对获奖学生给予表彰、展示，并将获奖成果印制成册。

（3）凡发现下载、雷同现象，取消课题组所有成员，包括指导教师的评优资格，学分记为0分。

2.具体安排：

（1）初审。由班主任收齐班级所有课题，进行初步筛选，按3:5:2的比例将课题分为A、B、C三类，并将筛选结果填写在《体验式学习评价表》的"初审"结果中。对于小组合作完成的课题，须在统计表中将组长标注出，并由组长反馈组员的参与情况，课题的等级即为课题组成员的个人等级；未积极参与的成员用叉号画出，无个人等级。

（2）二审。班主任将分好类的课题和填好的《体验式学习评价表》交给相应学科的任课教师，由任课教师根据专业知识及学生研究水平对课题进行二次审查，对初审结果进行微调，将调整后的结果填写在《体验式学习评价表》的"二审"中。

（3）终审。任课教师将重新分好类的课题和填好的《体验式学习评价表》交到教务处，学校成立专家评审小组对评选结果进行鉴定，最终的鉴定结果记录在《体验式学习评价表》中的"终审"一栏中，并将课题研究等级公示后计入学生个人学分。（A等级：10分，B等级：8分，C等级：6分）

（4）表彰。学校专家评审小组将再次对于所有A等级的课题进行评审，最终评选出课题研究的特等奖、一等奖和二等奖，学校召开表彰会为课题成员颁发奖状给予表彰，并将其课题成果收录到《体验与成长——促进学科核心素养提升的初中体验式校本课程开发典型案例集》中。

（5）展示。获得特等奖和一等奖的课题要由获奖小组的组长带领全组成员制作课题分享PPT，在"体验与成长——促进学科核心素养提升的初中体验式校本课程开发课题分享会"上与全体同学分享展示，每个课题展示10

分钟，展示时除了选用PPT直观地呈现自己小组的研究成果外，还可以借助图片、实物等让观众深入理解和感受研究成果。展示时可以小组成员合作陈述说明，也可以一人为主要陈述人，组内其他成员为辅助人员。

（七）课题引领带动课程的开发

校本课程建设不是在实践中一蹴而就的，它往往凝聚着深入的研究过程和深厚的理论积淀。尽管校本课程是以学校课程实践为最终指向的，但以促进学科核心素养发展为目的的体验式校本课程的开发和实施过程中学校还是投入了大量的人力物力和精力，一面理论研究，一面实践探索，用理论指导实践，以实践验证理论。山东师范大学第二附属中学一向重视教学科研，不但有专门的文件《山东师范大学第二附属中学校字［2015］30号山东师范大学第二附属中学教育科研成果奖励办法》，还在职称评审、岗位聘任以及先优评比中给予课题、论文等较高的赋分，以激励老师们在搞好日常教学的同时，做好教育教学研究。体验式校本课程的开发从酝酿到实施都与省级重点课题《促进学科核心素养提升的初中体验式校本课程开发研究》密切相关，一直在该课题的引领下进行，该课题由本书主编房静主持，申报了山东省教育科学研究院的重点课题。由于选题切合了当今教育的热点问题，且实用性极强，与学校和学生的发展需求息息相关，省教科院准予立项。课题的引领使得学生核心素养、学科核心素养、学校培养目标深入人心，并内化于学校各项教育教学活动中；激励教师在课程研究过程中的参与度提高，真正明确学校课程建设的框架与主旨，把握学校课程改革的发展方向；由于科研课题是学校教育科研的重要工作，获得了各方教育专家的指导与建议，对于促进校本课程的实践发展、促进教师的专业发展、学生的全面发展都大有裨益。

四、促进学科核心素养提升的初中体验式校本课程开发的阶段

（一）第一阶段：调研预备阶段

对课程开发进行前期调研分析、组建课程开发小组，这是体验式校本课程开发的首要环节，也是十分重要的环节，这一阶段的任务在于厘清体验式校本课程的各项要素，通过对各要素的分析，了解课程开发的前期准备情况，为课程开发做好准备。2017年9月，学校教务处牵头对学生、教师和家长做了调查问卷，目的是了解学生对于学校现有课程的感受、意见和建议，了解教师对学生发展核心素养、学科核心素养的理解程度、对于素养如何落地以及课程开发的设想，了解家长对于孩子发展的期盼以及可以为学校提供的资源支持等。针对问卷情况，学校邀请山东师范大学教育学部的曾继耘教授就学生发展核心素养与学科核心素养以及课程的关系开展了主题讲座和培训，又邀请了济南市教研院的专家到学校为老师们进行校本课程开发的注意事项的培训，还邀请历下区、历城区的学科教研员到学校与对应学科的老师们分享其他学校校本课程的开发及实施情况，探讨如何将国家课程中的知识内容与体验式校本课程有机融合。随后出台了《山东师范大学第二附属中学体验式校本课程开发方案》，并组建了由执行校长任组长的体验式校本课程开发小组。

（二）第二阶段：课程初步开发阶段

1. 研究高中学科核心素养，找准初中阶段与之衔接的切入点。国家只在新颁布的高中各学科课程标准中明确了高中各学科的核心素养，但并未颁布初中阶段各学科的核心素养，因而课程开发的第一步是在各学科组长的带领下，经过反复学习中国学生发展核心素养、国家颁布的高中各学科的核心素养、初中各学科课程标准，再结合我校学生的现状和发展需求，经过与专家的反复磋商，针对高中学科核心素养，找到初中学段与高中学段的衔接点。

2. 明确促进学科核心素养提升的体验式校本课程的分类、内容结构和原则。课程开发小组将各种文本材料汇总分析后，决定充分利用学校的地理位置优势、家长资源优势、学生水平优势、教师能力优势等按照学科是否交叉、融合的标准将体验式校本课程分为分学科体验式校本课程和跨学科体验式校本课程。分学科体验式校本课程是各学科之间无交叉的、单学科的，主要是语文、数学、英语、物理、化学、历史、道法、地理、生物等学科的学生小课题研究，跨学科体验式校本课程则是有多个学科交叉的巡游课程，又分为了博物馆巡游课程和大学巡游课程。博物馆巡游课程包含了历史、语文、美术、生物等学科内容，大学巡游课程则包含了语文、历史、地理、生物、物理等学科内容。课程结构图如下：

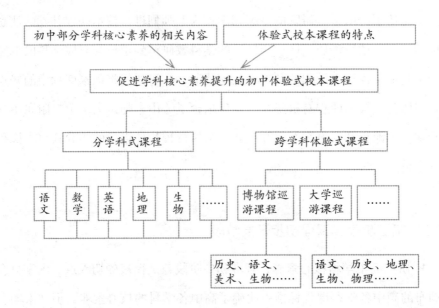

体验式校本课程的课程结构

体验式校本课程在内容选择上遵循了社会化原则、适应性原则、体验性原则、实用性原则，体现兴趣优先的特点，具有可操作性，充分利用可利用的资源优势，体现时代特色，促进学生学科核心素养的发展，推动教师专业化发展和学校品质发展。

3. 明确促进学科核心素养提升的体验式校本课程的评价内容、主体和形式。促进学科核心素养提升的体验式校本课程区别于其他课程的最显著的特点就是体验性，因而课程评价的一项重要内容就是是否具有体验性，还应该包括是否促进了学生学科核心素养的发展，是否促进了学生的全面发展，是否有利于教师的专业化发展，应遵循发展性原则、多元性原则、动态性原则和可操作性原则。评价主体要多元化，老师们可以对课程进行自我评价并做出修改，专家们对课程的各要素进行评价、提出整改意见，学生是课程学习的主体，对于课程最有发言权，因而学生也是评价的主体，要听取学生对于课程的评价意见并采纳合理建议进行调整，家长的评价意见和建议对于课程的完善也起着积极的促进作用。可以采取问卷调查，查看并分析相关资料，与学生及家长、老师座谈、观察等方法。经过反复研讨，反复征求专家的意见和建议，课程建设领导小组出台了《山东师范大学第二附属中学体验式校本课程评价方案》。

（三）第三阶段：课程具体开发阶段

这一阶段开始于2017年11月中旬，是课程开发小组在前期做了充分准备的基础上开始真正着手编写课程目标、课程内容、课程实施方案、课程评价方案、实施过程中的注意事项，经过课程开发小组成员的反复修改后，提交专家审议，最终形成初稿并印制成分学科体验式校本课程读本和跨学科体验式校本课程读本，如图：

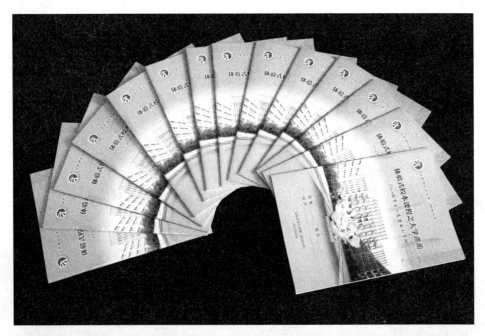

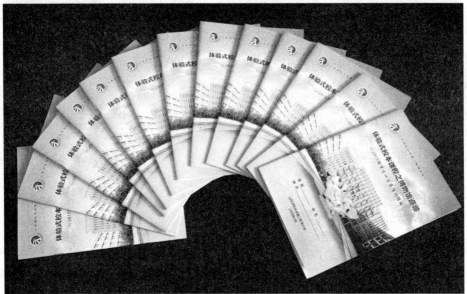

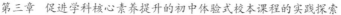

（四）第四阶段：课程初步实施阶段

2018年2月的寒假，促进学科核心素养提升的初中体验式校本课程之分学科课程开始实施，2018年4月跨学科课程开始实施。比如分学科体验式校本课程的实施具体为：

1. 学习酝酿。课题选择：学生根据自身兴趣、特长、客观条件等，从学校提供的课题或日常生活、教材中的研讨问题等中选择课题。组建课题组。

（1）独立研究：个人独立完成整个课题研究。

（2）小组合作：3—6个对同一课题感兴趣的同学组成一个课题研究小组，可以聘请一名指导教师，分工合作完成。

2. 制订计划。课题研究计划主要包括课题名称、研究的步骤、研究进程（时间安排和进展情况）、成果呈现形式、小组人员的具体分工等。每个成员还要根据自己的任务写出研究计划。

3. 体验实施。收集相关理论知识、专业知识和文字信息材料，包括上网、查阅书刊、调查、采访、考察、问卷、实验等。分析、归纳、整理资料：从资料中分析归纳出解决问题的重要思路或发现规律或得到证实某种观点的证据。形成文字或完成模型。注意保存归纳整理的文字资料、实验数据、调查记录等。

4. 成果展示。撰写课题研究报告，内容主要包括问题的提出、研究过程（方法）和研究成果三大方面。报告中相关论据（如语录、公式、数据等）要注明出处。

交流分享：可以选择PPT、图片、实物等进行展示，展示时可以小组分别陈述说明，也可一人为主要陈述人，组内其他成员为辅助人员。

（五）第五阶段：课程评价、修改完善阶段

截止到2018年6月，分学科体验式校本课程和跨学科体验式校本课程的开发和第一次实施均基本完成，通过专家、教师、学校领导、学生及家长对课程的整体评价，结合老师们在实施过程中的亲身体验，课程开发小组继续对两大课程分别进行再次修改、调整，为课程的再次实施做准备。

促进学科核心素养提升的初中体验式校本课程的实践成果

  经过两年多的探索和实践，山东师范大学第二附属中学形成了具有学校特色的促进学科核心素养提升的初中体验式校本课程，这一课程不仅规范、科学，且极具可操作性。

一、课程目标

  党的十九大报告中明确提出："要全面贯彻党的教育方针，落实立德树人根本任务，发展素质教育，推进教育公平，培养德智体美全面发展的社会主义建设者和接班人。"基础教育在"怎样培养人"中担任着重要的角色，而基础教育课程在很大程度上承载了这一使命，起了关键的作用。2020年新修订的《普通高中课程方案》和语文等学科课程标准将学科核心素养纳入到学生学科能力培养体系中。而初中学段作为对高中学段的奠基阶段，则应该渗透对初中生学科核心素养的培养。此外，为了培养学生的创造创新能力，新修订的中小学各科课程标准除了继续强调三维目标以外，许多学科都增加了"学科活动体验"这一课程目标，这就极大丰富了学科核心素养的内涵和外延。

基于以上背景，我校开发了"促进学科核心素养提升的初中体验式校本课程"。体验式校本课程的实施能够促使学生获得进一步学习以及未来发展所必需的学科活动经验。该课程的课程目标可分为两个层次：一是从整体角度分析，初中体验式校本课程的课程目标以培养学生的学科核心素养为宗旨；二是从细节角度分析，通过学科课题研究和跨学科巡游培养学生的学科活动体验能力。因此，最终确定促进学科核心素养提升的初中体验式校本课程的课程目标为：学生通过体验式校本课程的学习，获得亲身参与、科学探究的体验，提高发现问题和解决问题的能力，提升创新实践能力。学生在实践探究中学会合作与分享，加强团队精神和目标意识，提高责任与担当意识，培养科学精神和自主发展能力，培养社会责任心和使命感。

二、课程结构

课程结构是组织课程内部各要素、各成分的有规律的组织形式，是将课程目标转化为教育成果的纽带，是课程实施活动顺利开展的依据。山东师范大学第二附属中学体验式校本课程的课程结构具体内容如下：

课程	分类	项目	学科	内容	要求	学习方式	时间	对象
体验式校本课程	分学科	小课题研究	语文	1.了解一种传统戏曲 2.介绍一种地方传统小吃 3.调查一种民俗文化的起源与发展 4.调查一个传统节日的来历与变迁 5.寻访一个地方的名胜古迹 6.调查体验济南的"二安"文化	观察、动手实践体验、搜集资料并整理、撰写研究报告、制作PPT并展示分享	小组合作、体验式学习	寒暑假	大区建校七、八、九年级学生
			数学	1.测量旗杆的高度 2.压岁钱的来源与支配 3.探寻神奇的幻方				
			英语	1.不同的聚会有不同的礼节要求,请组织一次聚会,了解该聚会礼节的由来,并全程用英语组织 2.西方的圣诞节与中国的春节都是各自最为重要的节日,请对比两个节日的不同				
			物理	1.假如生活中没有摩擦(探究生活中由于摩擦力带来的方便与不便) 2.生活中水的常见形态以及形成时间和原因(实验探究水如何变成冰,又如何变成水蒸气) 3.撕"名牌"(观察家用电器上的铭牌标识,尝试实地考察、访谈后理解它们的意思,并思考它们对生活用电有什么指导) 4.为什么乒乓球漂浮在水上,小沙粒却沉底了 5.有趣的跷跷板——调查生活中的杠杆				
			化学	1.汽车能源调查 2.天然水的人工净化调查 3.多姿多彩的晶体 4.洗涤用品的调查研究 5.除垢剂的探究				
			地理	1.晒晒太阳 2.舌尖上的地理 3.去哪儿旅行 4.家乡城市化的发展现状研究				
			生物	1.训练我的宠物 2.生物对环境的适应 3.动手做泡菜 4.调查垃圾的处理流程与方式				
			道法	1.感受生活的巨变 2.泉城是我家,我们要爱它 3.规则在我身边				
			历史	1.你所知道的家谱与辈分 2.体验你家当地的春节习俗 3.你对"文化大革命"的认识与思考 4.改革开放前后你的家在衣食住行等方面的巨变				
			体育	测量体质指数,并分析原因、寻找解决办法				

课程	分类	项目	学科	内容	要求	学习方式	时间	对象
体验式校本课程	跨学科	山东建筑大学巡游	语文 物理 地理 生物 历史	建筑平移技术展览馆（老别墅）、房契地契地图展馆（凤凰公馆）、映雪湖、海草房、岱岳一居、铁路工业与建筑文化展示基地	观察、亲身体验、完成巡游手册	小组合作、体验式学习	四五月份的一天下午	大校区八年级学生建
		山东省博物馆巡游	语文 物理 地理 生物 历史 美术	"佛教造像艺术展厅""汉代画像艺术展厅""山东历史文化展厅""明代鲁王展厅""万世师表展厅""海洋之心——有孔虫科普展厅""湿地精灵——山东鸟类标本展厅""考工记——山东古代科技展厅"	观察、亲身体验、完成巡游手册	小组合作、体验式学习	四五月份的一天下午	大校区七年级学生建
		陕西历史博物馆	语文 历史 美术 物理	"文明摇篮""赫赫宗周""东方帝国""大汉雄风""冲突融合""盛唐气象""文脉绵长"	观察、亲身体验、完成巡游手册	小组合作、体验式学习	暑假	大校区七、八年级学生建

由上表可以看出，促进学科核心素养提升的体验式校本课程的课程结构安排完整、结构合理、内容系统、符合实际，可操作性强，主要是因为关注了以下几个方面的问题：

（一）分学科与跨学科相结合

七、八、九年级都进行的学生小课题研究属于分学科体验式校本课程，实施时间是在寒暑假。七、八年级进行的大学巡游和博物馆巡游课程则安排在春季和暑假。分学科的体验式校本课程，学科特色鲜明，学生可以依据学科喜好更加深入地体验和研究，充分发挥自己的学科优势，让优势学科更具优势，而跨学科的课程则体现了学科整合，学生可以综合运用各学科知识进行体验和实践，从而更深刻地理解知识，实现对知识的灵活应用。

（二）以促进学科核心素养的发展为目的

无论是分学科的小课题研究，还是跨学科的巡游课程，都给学生以充足的时间去体验、调研、搜集资料、汇总分析，学生可以根据个人的兴趣爱好和特长，组建课题研究小组，去研究分学科的小课题，也可以小组合作完成巡游手册。该课程给学生创造了真实的学习环境、知识运用环境和语言运用环境，极大地促进了学生的语言能力、思维能力、人文素养、数据分析能力和科学探究能力的发展，培养学生的科学思维和社会责任感，认识到人与自然和谐统一的重要性，促进相关学科核心素养的发展，进而促进学生核心素养的发展。

（三）充分利用课程资源

体验式校本课程的开发最大限度地利用了教师、学生、家长、学校附近场所等课程资源，从而为学生创设了更好的平台、创造了更多的机会，促进学生德智体美劳的全面发展。

（四）突出体验性的特点

分学科的小课题研究中老师建议的课题均是需要学生去亲身体验、寻访、探究完成的，巡游课程也都是到大学或者博物馆的实地去考察后完成巡游手册，无论是哪种体验式课程，都为学生创设了移动的课堂、行走的教室，让学生在实践中提高学习的乐趣，感受知识的魅力，体验成长的快乐。

三、课程类别

课程类别就是课程的基本分类。目前由于我国课程改革的理论与实践工作者存在思维方式和判认维度上的差别，课程类别也是多种多样的。

（一）一般课程类别

校本课程类型的精确划分有利于更好地把握校本课程的特征，有利于实施者的实际操作，也有利于提高校本课程的实用性。不同的分类标准和依据会出现不同类型的校本课程，比如，按照教学方法分，校本课程可以分为讲授式、探究式、自主学习式、范例教学式、合作学习式以及发现学习式等；按照课堂重要组织环节分，则可以分为复习类校本课程、练习巩固类校本课程、知识理解类校本课程和新课预习类校本课程；按照学习内容则可分为巩固类校本课和拓展类校本课程；按照学生的学习方式则又可以分为讲授类校本课程、活动类校本课程和体验式校本课程；按照不同的学科知识又分为了语文学科校本课程、数学学科校本课程、英语学科校本课程、生物学科校本课程以及跨学科校本课程等；按照具体的不同知识点还可以分为语文传统文

化校本课程、语文写作校本课程、英语阅读校本课程、数学思维拓展校本课程等。

笔者所在的学校开发的校本课程大部分都是学科拓展类课程，比如语文学科的《花开的声音》《阳光的味道》等阅读校本课程，《长成一道风景线》语文写作校本课程，英语学科的《悦读存折》阅读校本课程，综合实践学科的《烘出美味，焙感快乐》校本课程，数学学科的《数学速算》校本课程，体育学科的《花样跳绳》校本课程，美术学科的《篆刻》校本课程，还有笔者开发的体验式校本课程，总计有15种校本课程。

通过研究分析，校本课程的分类大体有如下几种方法[1]：

1.按课程的设计理念分类。也就是按照课程设计的"信念""理想"或"价值取向"的不同来进行分类。钟启泉教授指出，学科、学生、社会是课程设计最主要的价值取向的三大基础。[2] 按这一观点，学校的校本课程可以分为学科本位型课程、学生本位型课程和社会本位型课程。

（1）学科本位型课程。学科本位是指在课程设计时，强调学科自身知识体系的完整性，采用学科的逻辑思维和工作方法组织教材，便于学生理解学科。比如山东师范大学第二附属中学的九年一贯语文学科的校本课程就是把课程标准中规定的一至九年级学生需要掌握的古诗词、语文知识等汇总在一起，让小学生提前接触初中内容，从而让一些学有余力和对语文知识和传统文化感兴趣的学生更深入地了解汉语言的文化魅力，这类校本课程在内容上是系统化的语文知识，侧重语文思维、文化传承，有利于学生思维的发展和提升、语言的建构和应用。

（2）学生本位型课程。此类校本课程更强调按照学生的需求、兴趣来

---

[1] 张宁云.化学校本课程中学生学习性评价的研究[D].苏州：苏州大学，2009：19-23.

[2] 钟启泉，李雁冰.课程设计基础 [M].济南：山东教育出版社，2000：4.

设计，突出课程对学生的适应性，要求尽可能地发展学生，以培养学生的个性发展为目的。如：对于动手能力强且对烘焙感兴趣的学生，可设计《烘出美味，焙感快乐》烘焙课程；对于体育运动感兴趣的学生，可以设计《花样跳绳》体育课程；对于篆刻感兴趣的，可设计《篆刻》课程等。这些课程主要是通过设立丰富的教学环境，选择能突出学生的主体能动性的课程内容，从而最大限度地发挥学生的创造性和能动性。

（3）社会本位型课程。即在进行课程设计与开发之前，开发者通过社会调查和分析，将调查和分析的结果作为制定课程目标和课程内容的主要依据，此类校本课程更多地注重社会功能性知识，也就是更多地着眼于让学生掌握社会生活所必备的知识、技术和技能，突出学生的问题解决能力，锻炼学生的社会适应能力。比如我校开设的校本课程《生活》，将地理、物理、化学等学科中与日常生活密切相关的内容进行整合，从而指导学生将科学知识应用到日常生活中。

2. 按课程的功用分类。从人本主义角度看，所有课程的最终目的无一不是为了促进学生的发展。因此，有学者根据课程对学生的发展功能，将课程分为基础性课程、丰富性课程和发展性课程三类。[1]

（1）基础性课程。基础性课程旨在教授给学生可再生长的基本知识和可再发展的基本技能。一般来说，国家课程是以基础性课程开发为主的，很多学校都会根据学生情况将国家课程校本化，比如会根据学生接受能力将课程分为几个层次，对学生进行分层教学，这类教学可以称为基础性的校本课程。

（2）拓展性课程。拓展性课程是指在满足绝大部分学生基本知识和基本技能的需求的基础上，为了进一步满足不同学生发展的需要，丰富学生生

---

[1] 丁振卫.中学化学校本课程研究[D].苏州：苏州大学，2006：2-3.

活，拓展学生知识，促进学生全面发展，提高学生综合素养和生活质量的课程。这类校本课程涉及的内容非常广泛，比如学校的研学课程、阅读课程、写作课程等。

3. 按设置的课程目标分类。课程目标是指课程本身要实现的具体目标和意图。它规定了某一教育阶段的学生通过课程学习以后，在发展品德、智力、体质等方面期望实现的程度，它是确定课程内容、教学目标和教学方法的基础。按课程目标可将课程划分为以下几类：知识为主型、技能为主型、科学方法为主型和情感态度为主型。

（1）知识为主型课程。知识为主型课程是指以传授学生知识或与此有关的课程，这里的知识主要是关于学科知识中的"是什么"和"为什么"等问题。

（2）技能为主型课程。技能为主型课程指的是通过课程的学习发展学生的动作技能，让学生有更加娴熟、精确、流畅的身体运动和动手能力。比如有些学校开设的实验课程、手工课程等。

（3）科学方法为主型课程。这类校本课程主要以研究性学习为基本过程，让学生在体验科学探究过程的基础上学习科学方法。如某校本课程《穿越时空风"火"轮》介绍人类对"火"的认识方法：五行说、四元素说，并引出和讲述了燃素说如何从建立到垄断到最后的瓦解过程，不仅让学生了解了各个时期科学研究的方法，也让学生知道一个正确、科学的化学发展过程是多么的重要。[1]

（4）情感态度为主型课程。此类课程是以培养人的思想情感为课程目标的校本课程，包括科学思想观、科学价值观、科学社会观和科学道德观等。如开设《生命科学》校本课程，对学生进行生命教育，让学生对于生命有更深刻的了解和更深刻的情感体验，感恩生命，回报社会。

_____

[1] 张宁云.化学校本课程中学生学习性评价的研究[D].苏州：苏州大学，2009：19-23.

（二）促进学科核心素养提升的初中体验式校本课程类别

山东师范大学第二附属中学促进学科核心素养提升的初中体验式校本课程分成了两个大的类别：分学科体验式校本课程和跨学科体验式校本课程。

这一分类主要是根据课程的设计理念、课程功用和课程目标，同时结合学校、学生及家长的实际情况，并遵循了以下原则：

坚持以新课程标准和学科核心素养为指导。校本课程是地方课程和国家课程的有益补充，不是独立于地方课程和国家课程之外的又一课程体系，因而，必须以各学科新的课程标准和学科核心素养为指导，在分类上也应体现新课程标准的要求和培育学科核心素养的需要。

坚持反映时代要求。反映先进的教育思想和理念，关注学生个性化、多样化的学习和发展需求，促进人才培养模式的转变，着力发展学生的核心素养。

坚持科学论证。遵循教育教学规律和学生身心发展规律，贴近学生的思想、学习、生活实际，充分反映学生的成长需要，促进每个学生主动地、生动活泼地发展。加强调查研究和测试论证，向知名专家和教授咨询，确保求真务实、严谨认真、表述规范、分类科学。

坚持继承发展。对学校原有校本课程和实践进行系统梳理，总结提炼并继承已有经验和成功做法，发现并弥补原有课程的不足，确保校本课程的实施符合学校实际且具有连续性。

1. 分学科体验式校本课程。

（1）课程目标。学生通过课题研究获得亲身参与科学探究的体验，提高发现问题和解决问题的能力，培养收集、分析和利用信息的能力，在研究过程中学会合作与分享，培养科学态度、社会责任心和使命感。

（2）课程内容。

课题研究内容概述

主要类型：基于问题 基于项目活动 基于任务 基于兴趣 基于现有知识

基本方法：观察、调查、访谈、实验、文献、比较、实证、行动以及个案研究法

基本模式：实验和观测模式 社会调查模式 野外考察模式 文献资料研究模式 建模或者项目设计模式 畅想论证模式 思辨探究模式

实施过程：基于兴趣发现问题 静心思考拟定方案 体验研究撰写报告 交流成果评价展示

分学科体验式校本课程内容

语文：中国传统文化历史悠久，博大精深。学习和继承传统文化，既是我们每个人的责任，也对我们的成长有着积极的意义。中华传统文化包括语言、文字、思想，之后是六艺，也就是礼、乐、射、御、书、数，接着是生活富足之后衍生出来的书法、音乐、武术、曲艺、棋类、节日、民俗等。传统文化与我们的生活息息相关，它融入我们的生活，我们享受它却不易自知。文化无处不在，它就在我们的身边，一首戏曲、一种地方小吃、一个传统节日、一处名胜古迹中都蕴藏着无数的奥秘，快快行动起来，寻找我们身边的文化吧！假期中，请以小组为单位，选择任意一个传统文化的话题，通过实践活动，写出你们的实践报告。建议：记录参加活动的过程；介绍相关的传统文化；写出活动的意义；写出参加活动的收获。参考课题如下：

① 了解一种传统戏曲

② 介绍一种地方传统小吃

③ 调查一种民俗文化的起源与发展

④ 调查一个传统节日的来历与变迁

⑤ 寻访一个地方的名胜古迹

⑥ 调查体验济南的"二安"文化

数学：数学是一门研究数量关系和空间形式的科学，它源于对现实世界的抽象，并与人类生活和社会发展紧密相连。现在，数学的作用更是渗透到社会及人们日常生活中的各个方面。自家楼下的停车场、操场上的旗杆等等，都蕴含着数学的奥秘，快快行动起来，感悟身边的数学魅力吧！假期中，请以小组为单位，选择任意一个数学的话题，通过实践活动，写出你们的实践报告。建议：记录参加活动的过程；介绍相关的数学知识；写出活动的意义；写出参加活动的收获。参考课题如下：

① 测量旗杆的高度

> 提示：《测量旗杆的高度》，目的是让同学们在实际操作中更好地掌握相似三角形的判定与性质。通过测量旗杆的高度，初步学会数学建模的方法，积累数学活动的经验。培养学生自主探索、合作交流的学习方法和习惯。

测量旗杆的高度可以有以下几种参考做法：

A.利用物长和影长的比例关系。

同学们站在操场上，在同一时刻量出自己在太阳光下的影子长度、旗杆的影子长度，再根据自己的身高，便可以利用相似三角形的知识计算出旗杆的高度。

例如，小明在上午9：00，在操场上量得自己的影子的长度是2米，旗杆的影子长度是12米，他的身高是1.65米。问旗杆的高度是多少？

B.利用勾股定理的知识。

例：学校教学楼前的旗杆高AB，旗杆上升国旗的绳子到旗杆底端还剩

余1米。把绳子拉直，绳子末端到旗杆底端的距离是5米。问旗杆的高度是多少？

C.利用光的直线传播和等腰直角三角形知识。

这种方法是测量者把手臂伸直（即手臂和地面要平行），手中拿一根铅笔，铅笔要和地面垂直。眼睛看时，调整铅笔的长短能完全挡住旗杆的高度，然后量出手臂、铅笔的长度和测量者到旗杆的距离。

例：一个学生手拿20厘米的铅笔，不断地调整他与旗杆的距离，伸直胳膊，铅笔恰好完全挡住旗杆，量得他到旗杆的距离是20米，他知道自己的胳膊长是0.5米，此时他量的旗杆长是多少呢？

D.利用三角板和光的直线传播。

例：某学生把自己做的板凳和教学用的三角板拿到操场上，要量旗杆的长度，三角板的度数是45°，他的板凳的高度为0.5米，他把三角板放在板凳上，观察到三角板的斜边和旗杆的顶端在一条直线上，然后量得板凳与旗杆距离是14.5米，问旗杆的高度是多少？

E.利用平面镜反射。

例：李红在测学校旗杆的高度时，因为没有测量工具，只好用手头的小镜子。她是这样做的：将镜子放在地面上，退到适当的地方，使自己恰好能从镜子里看到旗杆的顶部，量出镜子到人和旗杆底部的距离分别是2米和20米，她自己的目高是1.6米，你能帮李红算出旗杆的高度吗？

请你仿照上面的方法，选择济南的某个地标型建筑，如绿地中心、泉标、解放阁等，利用相似三角形或勾股定理的有关知识，进行测量。

② 压岁钱的来源与支配

　　提示：压岁钱在民俗文化中寓意辟邪驱鬼，保佑平安。因为人们认为小孩容易受鬼祟的侵害，所以用压岁钱压祟驱邪，帮助小孩平安过年，祝愿小孩在新的一年健康吉利、平平安安。

春节拜年时，长辈要将事先准备好的压岁钱放进红包分给晚辈，相传压岁钱可以压住邪祟，因为"岁"与"祟"谐音，晚辈得到压岁钱就可以平平安安度过一岁。

压岁钱一般在新年倒计时时由长辈分给晚辈，表示压祟。

在历史上，压岁钱分两种，其中一种就是晚辈给老人的，这个压岁钱的"岁"指的是年岁，意在期盼老人长寿。

你的压岁钱来自哪些亲人，你又是如何支配自己的压岁钱的？请你动手绘制扇形统计图、折线统计图或条形统计图，并利用相关知识进行统计。

③ 探寻神奇的幻方

> 提示：据说夏禹治水时，在黄河支流洛水中浮现出一只大乌龟，背上有一个很奇怪的图形，古人认为是一种祥瑞，预示着洪水将被夏禹王彻底制服。后人称之为"洛书"，即现在的三阶幻方。

三阶幻方，具有一个十分"漂亮"的性质：每一横行、每一竖列和对角线上的三个数的和都相等。在三阶幻方中，请你动手操作试一试：

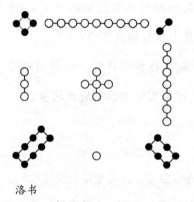

洛书

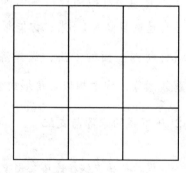

三阶幻方

A.你能发现哪些相等的关系？横行、竖行、斜对角的三个数之和分别是多少？

B.如果把和相等的每一组数分别连线，这些连线段会构成一个怎样的图形？得到的图形有什么特点？

C.你能否改变上述幻方中数字的位置，使它们仍然满足你发现的那些相等关系？

D.在你构造的幻方中，最核心位置是什么？有没有"成对"的数？这是一般规律吗？你能证明它吗？

E.你还有什么新的发现和疑问？

英语：中华文化博大精深，然而外国文化中也蕴藏着许多的奥秘，你知道将英语作为母语的国家的文化有哪些吗？你听过哪些有关世界各地聚会的注意事项？你了解中外青少年业余活动有什么区别吗？你知道国外博物馆的种类吗？你是否体验过不同职业带来的不同乐趣呢？其实英语也很有趣，它需要我们来了解，所以快快行动起来，一起走进英文的世界吧！假期中，请以小组为单位，选择任意一个英语文化的话题，通过实践活动，写出你们的实践报告。建议：记录参加活动的过程；介绍相关的语言文化；写出活动的意义；写出参加活动的收获。参考课题如下：

① 不同的聚会有不同的礼节要求，请组织一次聚会，了解该聚会礼节的由来，并全程用英语组织

② 西方的圣诞节与中国的春节都是各自最为重要的节日，请对比两个节日的不同

物理：踏入物理的世界，你是否已经感受到物理的魅力？你是否对物理产生了浓厚的兴趣？我们的世界充满着神奇与奥秘，你想知道处处存在的摩擦力究竟是如何产生的吗？你想知道水为什么总往低处流吗？耳熟能详的

杠杆原理又是如何运用在生活当中的呢？我们是否能运用物理知识解决生活中的难题呢？物理来源于生活，又用于生活，这个神秘的世界正等着你来探究，快快来参与物理课题的研究吧！假期中，请以小组为单位，选择任意一个物理的话题，通过实践活动，写出你们的实践报告。建议：记录参加活动的过程；介绍相关的物理知识；写出活动的意义；写出参加活动的收获。参考课题如下：

① 假如生活中没有摩擦（探究生活中由于摩擦力带来的方便与不便）

② 生活中水的常见形态以及形成时间和原因 （实验探究水如何变成冰，又如何变成水蒸气）

③ 撕"铭牌"（观察家用电器上的铭牌标识，尝试实地考察、访谈后理解它们的意思，并思考它们对生活用电有什么指导）

④ 思考为什么乒乓球漂浮在水上，小沙粒却沉底了

⑤ 有趣的跷跷板——调查生活中的杠杆

历史：中华民族历史悠久，中华文化博大精深。优秀的中华儿女用勤劳与智慧创造了璀璨的中国文明，也给我们留下了宝贵的精神财富。你知道家中的族谱与辈分的历史吗？你了解自己家乡的春节习俗吗？你探究过改革开放前后自家的变化有多大吗？历史老人离我们很远，也离我们很近，让我们行动起来，一起探寻历史、发现身边的历史，感受一下历史带给我们的独有的魅力吧！假期中，请以小组为单位，选择任意一个历史的话题，通过实践活动，写出你们的实践报告。建议：记录参加活动的过程；介绍相关的历史知识；写出活动的意义；写出参加活动的收获。参考课题如下：

① 你所知道的家谱与辈分

② 体验你家乡当地的春节习俗

③ 你对"文化大革命"的认识与思考

④ 改革开放前后你的家在衣食住行等方面的巨变

地理：人们常用"上知天文，下知地理"来形容一个人知识的渊博。地理与我们的衣食住行息息相关。比如今天天气怎么样？你喜欢哪些地方的特色美食？假期打算去哪儿玩？家乡的变化有多大？生活处处有地理，只是缺少去探索和发现的眼睛。让我们一起来发现生活中有意思的地理知识吧！假期中，请以小组为单位，选择任意一个地理的话题，通过实践活动，写出你们的实践报告。建议：记录参加活动的过程；介绍相关的地理知识；写出活动的意义；写出参加活动的收获。参考课题如下：

① 晒晒太阳：观察记录假期家中朝南窗户的阳光照射与变化情况，结合所学知识分析原因

② 舌尖上的地理：结合不同地区的特色美食分析美食与自然环境的关系

③ 去哪儿旅行：想必假期大家一定制订好了假期的旅行计划，那就请你利用我们的地理知识做一个旅游攻略吧

④ 家乡城市化的发展现状研究：请进行实地考察，调查家乡城市化发展的表现（人口变化，城市或县镇面积规模变化）及主要促进因素有哪些？城市化使人民的生活发生了哪些变化？城市化中出现了哪些问题？目前这些问题是怎样应对的？你有何建议？你对家乡城市化发展是如何看待的？（是否合理，说明理由）

生物：我们的生活处处都离不开生物学。生物学是农、医、林等学科的基础，社会的发展、人类文明的进步、个人生活质量的提高，都离不开生物学知识的发展和应用。你知道训练宠物当中蕴含的生物学知识吗？你了解各地旅游景点的环境特点吗？你清楚垃圾的处理流程与方式吗？生物学的发展需要我们去研究和学习，看看下面的小课题有没有你感兴趣的？让我们一起去探究吧！假期中，请以小组为单位，选择任意一个生物的话题，通过实践活动，写出你们的实践报告。建议：记录参加活动的过程；介绍相关的生物知识；写出活动的意义；写出参加活动的收获。参考课题如下：

① 训练我的宠物：请你尝试训练家养宠物，培养其形成一种或几种学习行为，并拍照片或者拍视频记录

② 生物对环境的适应：调查假期旅游地的环境特点，并拍照片或者拍视频记录，举例说明某种生物对环境的适应

③ 动手做泡菜：我国制作泡菜的历史源远流长，早在1400多年前，贾思勰的《齐民要术》中就记载了泡菜的制作方法。泡菜不仅是佐餐佳品，而且是保健食品，深受人们的喜爱。请查阅制作泡菜的方法和步骤，制作一种泡菜，与家人朋友一起分享品尝，记录下你的制作和分享过程

④ 调查垃圾的处理流程与方式：以小组为单位，调查所在地域垃圾的处理流程和处理方式，分辨其中哪些是生物处理方法。根据小组的调查结果和你所掌握的生物学知识，为垃圾处理提出合理化建议

道德与法治：梦是对现实的超越，梦本质上就是超越于物质之上的精神追求。一个人不能没有梦，一个无梦的人生是很难想象的；一个民族，特别是民族的青年人，更要学会做梦。"中国梦"关乎着中国未来的发展方向，凝聚了中国人民对中华民族伟大复兴的憧憬和期待；它是整个中华民族不断追求的梦想，是亿万人民世代相传的夙愿，每个中国人都是中国梦的参与者、创造者。

"风声雨声读书声声声入耳，国事家事天下事事事关心"。置身于前所未有的广阔天地，我们要主动融入绚丽多彩的社会生活，树立积极的生活态度，了解社会生活的变化，关心国家的发展，增强责任感和使命感，自觉自愿地承担责任，为构建社会主义和谐社会，实现中华民族伟大复兴的中国梦积蓄力量。让我们在感受生活的巨变、领略泉城风景、明确身边的规则约束中，开启新的旅程吧！假期中，请以小组为单位，选择任意一个中国梦的话题，通过实践活动，写出你们的实践报告。建议：记录参加活动的过程；介绍相关的道法知识；写出活动的意义；写出参加活动的收

获。参考课题如下：

① 感受生活的巨变：采访爷爷奶奶、爸爸妈妈两代人的生活，与现在的生活做对比，形成文字记录；翻阅、查看爷爷奶奶、爸爸妈妈两代人留存的生活照，对那两个年代的生活有更形象的认知；拍下你认为最具现代生活特色的照片（如微信、支付宝、共享单车……），讲述你与这些照片背后的故事；在比对不同年代生活的过程中记录自己的感受

② 泉城是我家，我们要爱它：下列角度任选其一，每个角度需通过观察调查或现场采访等方式，了解现状或记录具体实例，分析原因、提出建议

A. 共享单车。请你不要伤害我（实地拍摄照片，调查损坏现状；分析"为什么会出现损害共享单车的行为，这种现象对社会和他人有什么危害"；你是怎样爱护像共享单车这样的公共设施的？）

B. 广场舞——快乐？扰民？（实地考察、调研小区内或周围地区广场舞的普及度、集中的时间段，访谈周围人对广场舞的看法，查找生活中存在的严重损害公共利益的广场舞行为，思考怎样跳广场舞才能既快乐健身又不损害社会和他人的合法权益，并提出合理化建议。）

C. 我是社区小主人。（首先，可以调查以下几个方面：社区环境问题、社区服务状况、丰富多彩的社区生活、社区的交通问题、社区的文化设施问题、社区的占道问题、社区的健身场所问题，大家可以任选其中的一个或者几个角度介绍自己的社区，提出自己社区各个方面的利弊。然后，可以身体力行为社区做哪些服务和贡献，使社区生活越来越美好和谐。思考可以通过为社区打扫卫生、照顾和慰问孤独老人、与老人聊天、带领社区内小孩读书、参加社区活动、参与社区义卖、为社区建设提建议等活动形式参与社区服务。拍摄照片形成文字记录）

③ 规则在我身边：寻找拍摄记录家庭、学校、社会生活中随处可见的

规则；发现拍摄生活中违反规则的现象，然后讲述这些现象产生的恶劣影响，谈一谈你是如何遵守这些规则的，为遵守社会规则提出合理化建议

化学：化学是在原子、分子水平上研究物质的组成、结构、性质及其应用的一门基础自然科学，其特征是研究物质和创造物质。化学不仅与我们的日常生活密切相关，也是材料科学、生命科学、信息科学、环境科学和能源科学等现代科学技术的重要基础，是推进现代社会文明和科学技术进步的重要力量。化学在缓解人类面临的一系列问题，如能源危机、环境污染、资源匮乏和粮食供应不足等方面，同样做出了积极的贡献。

你知道目前汽车使用的燃料有哪些吗？你知道家里的自来水是从哪里来的吗？你知道多姿多彩的晶体是怎么形成的吗？你了解家里的洗涤用品的去污原理吗？你知道除垢剂的成分吗？

身边的很多事物等着我们去研究和学习，看看下面的小课题有没有你感兴趣的？让我们一起去探究吧！请以小组为单位，选择任意一个课题，通过实践活动，写出你们的课题报告。参考课题如下：

① 汽车能源调查。活动一：从费用、环境保护两方面调查目前小轿车、公交车的燃料使用情况。活动二：根据燃料选择的依据，分析各种燃料的优劣，给出最优排序。活动三：交流与评价，书写课题报告

② 天然水的人工净化调查。活动一：调查学校自来水的来源。活动二：参观自来水厂。活动三：自制简易的净化水装置。活动四：交流与评价，书写课题报告

③ 多姿多彩的晶体。活动一：查找资料，了解晶体的性质。活动二：制备食盐晶体。活动三：交流与评价，书写课题报告

④ 洗涤用品的调查研究。活动一：调查家庭的洗涤用品的种类及成分。活动二：探究洗涤用品的除污原理。活动三：交流与评价，书写课题报告

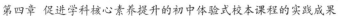

⑤ 除垢剂的探究。活动一：调查生活中常见的除垢剂的成分。活动二：探究除垢剂的性质。活动三：交流与评价，书写课题报告

体验式校本课程之分学科小课题研究手册：

目　录

山东师大二附中体验式校本课程——总课题研究

一、课程目标

通过课题研究获得亲身参与科学探究的体验，提高发现问题和解决问题的能力，培养收集、分析和利用信息的能力，在研究过程中学会合作与分享，培养科学态度、社会责任心和使命感。

二、课程内容

建议选择自己感兴趣的一门学科，借助自己的学科知识储备，从身边一些亟待解决的问题角度选题，利用寒暑假走向社会，通过"实地考察、调查访谈"等行动研究法开展调查研究、"体验"生活，撰写调查研究报告。我们给大家提供了语文、数学、英语、

· 1 ·

113

山东师大二附中体验式校本课程——语文课题研究

一、课程目标

通过阅读、实践、探究，增强民族自豪感与文化自信意识，培养思维能力、科学态度及合作与分享的意识，提升审美情趣与社会责任感，提高发现问题和解决问题的能力，推动健康人格与真善美精神世界的建构。

二、课程内容

中国传统文化历史悠久，博大精深。学习和继承传统文化，既是我们每个人的责任，也对我们的成长有着积极的意义。中华传统文化包括思想、文字、语言，之后是六艺，也就是：礼、乐、射、御、书、数，接着是生活富足之后衍生出来的书法、音乐、

· 11 ·

114

（3）课程实施。

① 学习酝酿

课题选择：学生根据自身兴趣、特长、客观条件等，从学校提供的课题或日常生活、教材中的研讨问题等中选择课题。

组建课题组：独立研究：个人独立完成整个课题研究；

小组合作：3—6个对同一课题感兴趣的同学组成一个课题研究小组，可以聘请一名指导教师，分工合作完成。

② 制订计划

各课题小组制订课题研究计划，主要应包括课题名称、研究的步骤、研究进程（时间安排和进展情况）、成果呈现形式、小组人员的具体分工等。每个成员还要根据自己的任务写出研究计划。

③ 体验实施

收集相关理论知识、专业知识和文字信息材料，包括上网、查阅书刊、调查、采访、实地考察、问卷、实验等。

分析、归纳、整理资料：从资料中分析归纳出解决问题的重要思路或发现规律或得到证实某种观点的证据。

形成文字或完成模型。注意保存归纳整理的文字资料、实验数据、调查记录等。

④ 成果展示

撰写课题研究报告，内容主要包括问题的提出、研究过程（方法）和研究成果三大方面。报告中相关论据（如语录、公式、数据等）要注明出处。

课题研究报告参考格式

交流分享：可以选择PPT、图片、实物等进行展示，展示时可以小组分别陈述说明，也可一人为主要陈述人，组内其他成员为辅助人员。

（4）课程评价。

① 评价说明

学生的分学科小课题研究成果情况计入个人学分。初中阶段每学期需要完成1个研究课题，每个课题按10学分计入学生个人成长档案，该研究必须在学校统一安排的时间内完成；评选优秀体验式课题研究成果。以年级为单位对学生课题研究成果进行评选，按总课题数的30%评为优秀、50%评为良好、20%评为合格。学校将对获奖学生给予表彰、展示，并将获奖成果印制成册；凡发现下载、雷同现象，取消课题组所有成员包括指导教师的评优资格，学分记为0分。

② 具体安排

第一步：初审。由班主任收齐班级所有课题，进行初步筛选，按

3∶5∶2的比例将课题分为A、B、C三类，并将筛选结果填写在《体验式学习评价表》的"初审"结果中。对于小组合作完成的课题，须在统计表中将组长标注出，并由组长反馈组员的参与情况，课题的等级即为课题组成员的个人等级；未积极参与的成员用叉号画出，无个人等级。

第二步：二审。班主任将分好类的课题和填好的《体验式学习评价表》交给相应学科的任课教师，由任课教师根据专业知识及学生研究水平对课题进行二次审查，对初审结果进行微调，将调整后的结果填写在《体验式学习评价表》的"二审"中。

第三步：终审。任课教师将重新分好类的课题和填好的《体验式学习评价表》交到教务处，学校成立专家评审小组对评选结果进行鉴定，最终的鉴定结果记录在《体验式学习评价表》中的"终审"一栏中，并将课题研究等级公示后计入学生个人学分（A等级：10分，B等级：8分，C等级：6分）。示例如下：

组号	巡游小组成员		评价结果				
	学号	姓名	巡游表现	报告得分	最终得分	等级评定	最终评价
1	08	商碧海	80	60	74	B	8
	22	曾君召	80	80	80	B	8
	10	吴禹杭	80	100	86	B	8
	24	吴峰宇	80	80	80	B	8
2	29	李静钰	100	100	100	A	10
	36	崔艺炜	100	100	100	A	10
	35	张雨涵	100	80	94	A	10
	40	刘兆仪	100	80	94	A	10

山东师范大学第二附属中学体验式学习评价表　　班级：七年级一班

体验与成长
TIYAN YU CHENGZHANG

续表

组号	巡游小组成员		评价结果				
	学号	姓名	巡游表现	报告得分	最终得分	等级评定	最终评价
3	27	张雅琳	100	60	88	B	8
	09	窦广通	100	80	94	A	10
	38	丛小桃	100	60	88	B	8
	42	董一诺	100	80	94	A	10
4	47	李宇宸	80	100	86	B	8
	11	朱逸函	80	60	74	B	8
	18	韩鲁银	80	80	80	B	8
	32	李保宁	80	100	86	B	8
5	46	邵佳鑫	80	80	80	B	8
	33	马誉嫣	80	100	86	B	8
	26	周熠赫	80	80	80	B	8
	39	朱芸萱	80	80	80	B	8
6	06	王荣翼	80	80	80	B	8
	48	赵传宁	80	100	86	B	8
	02	路子扬	80	100	86	B	8
	37	张玉涵	80	80	80	B	8
7	28	朱晏慈	100	100	100	A	10
	04	刘泽贤	100	80	94	A	10
	43	王泠兮	100	80	94	A	10
	14	王鹏宇	100	80	94	A	10
8	01	朱桐庆	100	100	100	A	10
	20	谷金昶	100	0	70	B	8
	12	段思宇	100	0	70	B	8
	23	郭成基	100	80	94	A	10
9	31	李奕萱	80	100	86	B	8
	34	张忻茹	80	100	86	B	8
	41	付谨源	80	100	86	B	8
	16	周思润	80	80	80	B	8

山东师范大学第二附属中学体验式学习评价表　　班级：七年级一班

续表

组号	巡游小组成员		评价结果				
	学号	姓名	巡游表现	报告得分	最终得分	等级评定	最终评价
10	30	吴欣盈	100	100	100	A	10
	19	左浩墨	100	80	94	A	10
	15	任祥	100	80	94	A	10
	25	张力仁	100	80	94	A	10
11	03	赵梓琛	100	100	100	A	10
	07	郭兴隆	100	80	94	A	10
	13	赵伟畅	100	80	94	A	10
	17	刘和栋	100	60	88	B	8
12	05	刘浩然	80	80	80	B	8
	21	杨云升	80	60	74	B	8
	49	刘吉喆	80	80	80	B	8

山东师范大学第二附属中学体验式学习评价表　　班级：七年级一班

第四步：表彰。学校专家评审小组将再次对于所有A等级的课题进行评审，最终评选出课题研究的特等奖、一等奖和二等奖，学校召开表彰会对课题成员颁发奖状给予表彰，并将其课题成果收录到《体验与成长——促进学科核心素养提升的初中体验式校本课程开发典型案例集》中。

第五步：展示。获得特等奖和一等奖的课题要由获奖小组的组长带领全组成员制作课题分享PPT，在"体验与成长——促进学科核心素养提升的初中体验式校本课程开发课题分享会"上与全体同学分享展示，每个课题展示10分钟，展示时除了选用PPT直观地呈现自己小组的研究成果外，还可以借助图片、实物等让观众深入理解和感受研究成果。展示时可以小组成员合作陈述说明，也可以一人为主要陈述人，组内其他成员为辅助人员。

以下为部分学生的课题研究报告：

赏巧手夺天工，品鲁韵更悠扬

——关于山东手工艺的调查研究

学　校：山东师范大学第二附属中学

小　组：一组

组　长：庄硕

组　员：杜怡燃、张琳、赵子鸣、李晓涵、申宇航

指导教师：滕南

时　间：2018年1月29日－2018年3月2日

山东师范大学第二附属中学建大校区分学科体验式课程之课题研究报告

赏巧手夺天工，品鲁韵更悠扬

　　——关于山东手工艺的调查研究

一、研究目的

1.观赏手工艺制品，深入了解齐鲁传统手工艺文化。

2.参观手工艺品制作过程，感受大国工匠的匠人精神。

二、研究方法

1.参观法。

2.调查法。

3.访问法。

三、研究步骤

1.细致分工，了解各自家乡的传统手工艺。

2.了解手工制品的制作过程，实地拍摄照片与视频。

3.写出个人感悟。

4.汇总自己文字、图片、视频等材料，做出课题报告。

5.展示交流。

四、时间节点

寒假前：做好分工，提前了解。

寒假：回到各自老家做出实地调查，并进行摄影摄像。

开学前夕：汇总好个人的材料，总结好个人感悟。

学期初：交流个人感悟。集思广益，做出课题报告。

近日：在班中做出展示交流，让大家感受到匠人的精神。

五、展示形式

PPT格式，word展示报告，现场演讲，组内交流。

六、具体分工

张琳——滕州纸艺。

申宇航——嘉祥石雕。

李晓涵——葫芦烙画。

杜怡燃——菏泽瓷刻，天津泥人。

赵子鸣——大名草编。

庄硕——演讲汇报。

七、研究内容

（一）背景

在浩如烟海的传统文化中，传统手工艺独树一帜，包含着中华民族特有的文化和历史。

传统手工艺的兴衰，反映出的是民族文化的演绎过程，而现在不乏有令人忧虑的事实——随着现代工业的冲击和观念的变化，我们的传统正在离去。延续几千年的文化和生活正在慢慢消失，民间传统手工艺日益式微。

传统手工艺是民族文化中的宝藏，是千百年来民族文化极具特色的部分，理应得到保护、发展和弘扬。正是基于这样的认识，我们对传统手工艺的现状、意义和保护措施进行了详细的分析。

（二）品齐鲁风韵

走进山东建筑大学，我们在一栋栋传统民居中发现了一个个展板。每一个展板都对应着一个地区的传统工艺。学校为我们组织这种拓展活动当然不只是为了让我们春游，我们也要在此中发现一些需要学习的东西，就像我们身边的手工艺。

只要有一颗学习的心，到处都是我们的课堂。我们也非常感谢学校能让我们的课堂如此丰富多彩，这次活动也让我们受益颇多，我们心细而又善于观察的组员发现了许多珍贵的材料。

其实在山东省境内，有许多手工艺品就在我们的身边，也许在我们在座各位的家乡中，就有中华民族的非物质文化遗产。在此我也通过建大巡游的发现与课余时间的总结，列举了山东境内的代表手工艺：杨家埠木版年画、德州美陶、周村丝绸、琅琊草编、嘉祥石雕、菏泽砖塑等。

　　我相信这些地方里面肯定有在座各位的家乡。但大家是否知道自己的家乡有这些手工艺品呢？我们真的认真发现并调查过这些手工艺品吗？我们真的了解它们吗？这些中华的传统文化真的就要这么一代代的消失吗？

　　我们的小组成员想要尽自己的一份力去更好地研究、调查、学习这些传统手工艺文化，所以说我们利用假期时间做了实地的考察。大家放下课本，走进生活，发现了自己家乡的手工艺，这包括各种山东省著名传统手工艺，例如聊城的葫芦烙画、济宁嘉祥的石雕、菏泽成武的刻瓷、滕州的纸艺。

　　此外，几位对中国手工艺同样抱有兴趣的外省同学也加入了我们。这些手工艺包括天津的泥人、河北邯郸的大名草编。

　　纵使地域不同，但是每个地域的手艺精细与匠人精神却是殊途同归的。接下来就由我们小组进行一一介绍。大家实地考察，录制了许多的视频，拍摄了许多真实的照片，我相信他们的介绍与视频的结合一定会让大家十分感兴趣。他们为每个人都带了自己家乡的传统工艺品，也让大家更直观地感受工艺品的魅力。

1.滕州纸艺

　　中国剪纸，享誉世界。各地都有不同的风格，我师从于山东剪纸大师卢雪。她是山东剪纸艺术的代表者。从最基础的折纸，到剪轮廓、剪细节，如化茧成蝶般一步一步地剪出作品，练出技巧，卢老师给了我很大的帮助。

　　在恩师的指导下，我越发喜欢剪纸，在剪纸方面获得了大大小小的许多奖项。请欣赏我的剪纸作品。第一幅剪纸是欢度五一。剪纸作品就是取材于生活，这也是我在刻画这些人物日常生活的劳动。第二幅作品

的寓意是三阳开泰。剪纸作品常常有丰富的寓意，寄托着人们对美好生活的向往。第三幅刻画的是一个京剧人物，体现了我们中国传统的京剧文化。剪纸与京剧都是我们的传统文化的代表，用剪纸艺术表现京剧，这也说明文化之间是难以分离的。

剪纸给了我很大的影响，最受用的是磨炼了我的性格。俗话说，慢工出细活。在剪纸过程中，我养成了做事一丝不苟的习惯。或许我的作品还有些质朴，我的技艺还没有那么精湛，但是我会将我这份喜欢坚持下去。

2.嘉祥石雕

齐鲁大地名士多。作为孔孟之乡，你最先想到的是哪两位圣人？是的，当然是孔子和孟子了。他们的故乡分别是曲阜和邹城，同属于济宁。在那片热土上，还有一位圣人，也是大家耳熟能详的。他说，吾日三省吾身，他言而有信，杀彘为子。是的，他就是曾子。

曾子是济宁嘉祥人，我们俩是老乡。每每同人讲起，都有一点抑制不住的小激动。

作为圣人的故乡，我们嘉祥可谓文化悠远。在诸多的文化遗产之中，石雕最为著名。那次，我们去建大巡游，细心的同学也一定看到了对嘉祥石雕工艺的图文介绍。下面，我就介绍得更详细一点。

石雕，当然要先说"石"。嘉祥盛产天青石。早在东汉时期，雕画大师卫改就对嘉祥的石料给予了高度的评价："选择名石，南山之阳，抉取妙好，色无斑黄，前设坛坛，后建祠堂，雕刻文画，罗列成行。"由此，我想，大多数手工艺品，都与当地的地理环境有密切关系吧。

嘉祥石雕历史悠久，自古就有着"家家闻锤响，户户操钎忙"的景象。著名的武氏祠内的一对大型石狮，是我国现存石狮中唯一有确切年

代记载的石狮造型艺术珍品，堪称石狮雕刻的鼻祖。两狮昂首扭颈，张口怒目，一狮左足还抚摸着一只惹人喜爱的毛发卷曲的小狮。这些由古代嘉祥石雕艺人创作的石雕艺术，向世界展示了我国古代石雕的辉煌成就，展示了中华民族1800多年前的高超艺术水平，生动再现了汉代及汉代之前的社会生活，透现出先秦时期的历史文化。

千年以来，直到现在，嘉祥依旧凭着独特的地理优势和人们的智慧勤劳，屹立在中国石雕文化的巅峰，被国家命名为中国石雕之乡。2008年，嘉祥石雕被列入非物质文化遗产。

现在，每年产出的青石雕艺术品中，有80%以上来自于嘉祥。种类繁多，形神兼备，比如瑞兽、人物、建筑和器物。下面大家来看看我实地拍摄的几幅图片。

大象代表吉祥，狮子是镇宅神兽（除古典风格外，现在也有了写实的西洋画风），这是孔子，万世师表，这是毛主席，和蔼可亲……

石头是卑微原始的，但是在匠人的刻刀之下，它们又获得了新生。人也是如此，不怕雕琢，方能新生，才是真正地活过。

3.葫芦烙画

聊城蝈蝈葫芦（蚰子葫芦）雕刻艺术，历史悠久，选材独特，内容广泛，设计科学、精美。既有实用价值，又能作为高雅的工艺品供人们欣赏。它那粗犷豪放的雕刻技法，释放出独特的艺术魅力。它记载了众多的民间故事，反映了鲁西浓郁的乡土风情，深受人们的喜爱，并享誉海内外。

葫芦源于印度，在中国种植很广。葫芦雕刻艺术南北均有，唯独聊城的葫芦雕刻艺术更负盛名，独树一帜。聊城是京杭大运河沿岸九大商埠之一，昔日这里商贾云集，繁盛一时，蝈蝈葫芦曾一度成为运河两岸

农家生产的重要商品，距今已有500多年的历史。经过几代人的努力、创新，前后经历了三个比较突出的发展阶段。粗花雕刻阶段，距今已有三四百年的历史。主要作品有花葫芦、片花，雕刻些鸟、鱼、虫、花，尾部开口，工艺简单。细花雕刻阶段，距今也有200年左右，主要有"狮子滚绣球""松树花篮""打鱼""读书""耕田"等。清末民初，聊城蓄养蝈蝈的风气盛行，葫芦的雕刻艺术也在迅速提高。选料、着色、刀法更为讲究，选材更为广泛，如"八仙过海""武松打虎""水浒人物""聊城传说"等，使聊城葫芦雕刻艺术达到了出神入化的境地。

在材料方面，聊城蝈蝈葫芦选材广泛，有扁圆形葫芦、牙牙葫芦、飘瓜葫芦，还有特意配制的锥形葫芦、捆扎的多形葫芦，但大都以扁圆葫芦为主要材料。种植简单，棉田、地头均可套种，每亩收获葫芦4000余枚。加工时，将成熟的白坯放进锅中煮，然后使其发酵，在容器中撞掉表层青皮，晒干，使葫芦颜色变黄。主要工具有刻刀、刺针、钻、弓子锯等。

聊城葫芦最为考究的是细葫芦，图案主要有神话传说、民间故事等。它不单单用来饲养蝈蝈，更是一种观赏艺术品，是馈赠嘉宾的珍贵礼品。艺匠们用特殊的手法，因形雕刻，精绘细描，形象逼真，颇像工笔画清晰、可爱。另有一种葫芦极为普及，流传很广，主要雕刻花、鸟、鱼、虫之类。还有"花葫芦"，刀法简练夸张，生动传神，大有泼墨画的韵味。

4.菏泽瓷刻，天津泥人

瓷刻是集绘画、书法、刻镂于一身，集笔、墨、色、刀为一体的传统艺术。刻瓷的基本方法有两种，一种是冲刻，另一种是手刻。用刀技巧有两种，分别是握刀錾刻、以刀代笔。

　　五一期间，为了完善课题我又一次回到菏泽去拜访了当地最有名的瓷刻大师楚成文先生，了解到很多相关的知识。说着说着瓷刻，我们又聊起了他学习瓷刻的经历。在一番交谈中，我更加敬佩他了。

　　楚成文大师从小爱好绘画，大学期间他开始学习刻瓷，并在一家工厂打工，正当他的刻瓷技艺突飞猛进的时候，工厂却因为接不到订单被迫停产了。不甘心的他又走进了山东省工艺美院继续学习绘画，两年后他回到菏泽自立门户，雕刻瓷盘。但那时正值改革开放初期，刻瓷个体户得不到市场的认可，于是他又南下深造，独在异乡为异客，一去就是12年。无论走多远，都要回家。后来的他选择回到故乡再度经营。坚持梦想，精益求精，不断创新，事业越来越好。

　　我感受着他人生的坎坷，也分享着他成功的喜悦。

　　我想，那一件件精美的工艺品固然让人爱不释手，但制作它们的匠人大师更令人敬佩。正如苏轼所说："古之立大事者，不惟有超世之才，亦必有坚韧不拔之志。"那些泥泞的道路都是我们必经的路，那些打不败我们的都会让我们更加强大。愿我们每一个人在追梦的路上都是勇敢的人。

　　这就是我推荐的家乡手工艺，我为瓷刻代言。

　　5.大名草编

　　有一首民谣传唱已久："草编是个宝，农民离不了。掐个辫子接个草，油盐酱醋有钱了。灾年能换粮，丰年添衣裳。"

　　从这首民谣里面我们首先可以看出草编的实用性，在传统的农居生活中，是离不了草编技艺的。例如，凳子的坐垫、草鞋、门帘，还有，在张择端名画《清明上河图》中便随处可见头戴草帽的百姓。因为生活所需，草编产品就有了市场，也为当地百姓带了相应的经济收

入——虽然算不上可观，但也能贴补生活。平常百姓勤恳劳作就是最踏实的日子了。

随着生活水平的不断提高，大名草编现在已经变成了家喻户晓、绿色环保的工艺品供人们来欣赏。因此，它也渐渐具备了审美的特质，受到现代人的喜爱。

这就是大名草编了。其实，大名草编虽然叫做草编，但却不是用草编制成的。你能猜到原材料是什么吗？是麦秆。就是这样不起眼的原料，在匠人手下开始了它的千变万化。这样的制作，已有1500多年历史。

为了课题研究，我上次回老家，又特意去找寻了大名草编，想把最好的一面带给大家看。但是，现在想来，这番找寻，实在是让人心生忧虑。

曾经因为草编工艺的兴起变得兴旺的大名县街上，却难以看到一家草编工艺品的专卖店。

好容易在明城墙附近找到一个小店，但是草编上积的灰却不知有多少层。一层层灰尘，一阵阵落寞。我们问了老板，草编的制作地在哪里？他告诉我们，在20公里外的丽君小镇。开了40多分钟的车来到了小镇，终于找到了"草编工艺房"这几个字。但是进去之后，草编工艺品却寥寥无几，唯一醒目的就是墙上的4幅草编画，还有那非物质文化遗产的标识。

心里却越发忧虑。是不是在很多地方那些曾盛极一时的工艺都已被挤到了角落里，落满了历史的灰尘？是不是在滚滚的时间长河里，它们终究会退出历史的舞台，只留一个依稀的影子安放在博物馆？

（三）总结感悟

世界嘈杂，而匠人的内心是安静的。

匠人精神到底是什么呢？网上给出这么一个解答:对工作执着，对所做的产品和工艺品精益求精，精雕细琢。

真正的大国工匠，不单单追求一件工艺品的进展，他们可能用一生去做这一件事情。每一个工匠都有自己的故事，他们可能用一生去写这个故事，用一生去雕琢一个工艺品。

《匠人匠心》里有一句话：机械制造出来的皮影有成千上万，一模一样，做出来的东西没有灵魂，不像人工做的每一件都凝聚着匠人的灵气与才华。做事情就要有精益求精、一丝不苟的精神。有一颗宁静的心，能够沉下心来。全心全力，全神贯注地做一件事情，这就是匠人精神。

交流分享：可以选择 PPT、图片、实物等进行展示，展示时可以小组分别陈述说明，也可一人为主要陈述人，组内其他成员为辅助人员。

学生课题分享PPT图片：

著名剪纸艺术家

体验妙话，分享成长
——入学仪课题成分享会

卢雪：

作品传神，
演绎天成，
以唯美风格，
诗化表现剪纸艺术。

山东师大二附中体验式校本课程

体验妙话，分享成长
——入学仪课题成分享会

剪纸，是中国最古老的
民间艺术之一，在视觉
上给人以透空的感觉和
艺术享受。
2006年，剪纸艺术列入
第一批国家级非物质文
化遗产名录。

山东师大二附中体验式校本课程

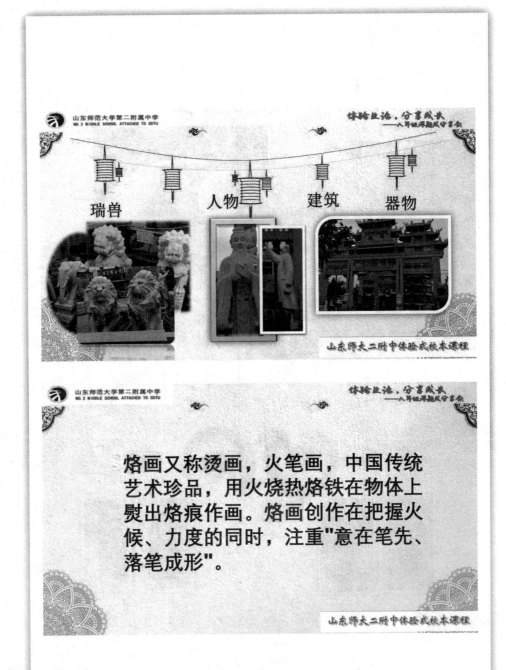

山东师范大学第二附属中学
NO.2 MIDDLE SCHOOL ATTACHED TO SDTU

体验生活，分享成长
——八年级课题成果分享会

瑞兽　　　人物　　　建筑　　　器物

山东师大二附中体验式校本课程

烙画又称烫画，火笔画，中国传统艺术珍品，用火烧热烙铁在物体上熨出烙痕作画。烙画创作在把握火候、力度的同时，注重"意在笔先、落笔成形"。

山东师大二附中体验式校本课程

体验与成长
TIYAN YU CHENGZHANG

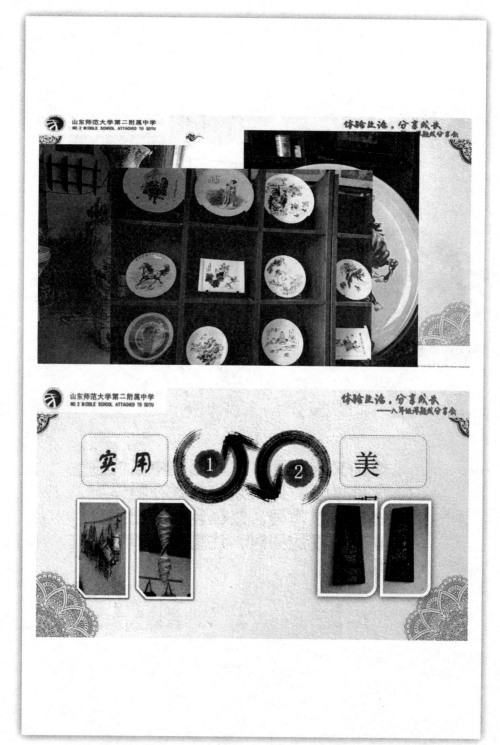

瓷刻

在素色瓷器上，用
钨钢刀或金钢石刀
刻镂书、画。

山东师大二附中体验式校本课程

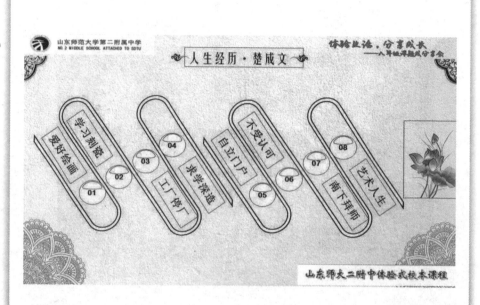

人生经历·楚成文

爱好绘画 01
学习刻瓷 02
03
04 求学深造
工厂停厂
自立门户 05
不堪认可 06
07
08 艺术人生
南下拜师

山东师范大学第二附属中学
NO.2 MIDDLE SCHOOL ATTACHED TO SDTU

体验生活，分享成长
——八年级课题成分享会

山东师大二附中体验式校本课程

山东师范大学第二附属中学
NO.2 MIDDLE SCHOOL ATTACHED TO SDTU

体验生活，分享成长
——八年级课题成分享会

滕州剪纸，心灵手巧爱生活；
嘉祥石刻，就地取材成大器；
葫芦烙画，深深浅浅寓意丰；
菏泽瓷刻，发扬光大是大师；
大名草编，草根明星忧我心。

工匠精神，是指工匠对自己的产品精
雕细琢，精益求精的精神理念。

山东师大二附中体验式校本课程

分学科体验式样本课程之小课题研究成果分享会：

2. 跨学科体验式校本课程。跨学科体验式校本课程是融合了多个学科知识、学科素养和能力的课程，旨在通过该课程的学习让学生开阔眼界，增长见识，全方面提升个人素养，建立深厚的人文底蕴。学生通过巡游，获得亲身参与社会实践的体验，提升创新实践能力，学会综合运用各学科知识解决实际问题。该课程包括博物馆巡游课程和大学巡游课程。

（1）博物馆巡游课程。

① 课程目标

学生通过博物馆巡游开阔眼界，增长见识，全方面提升个人素养，建立深厚的人文底蕴。通过感受博大精深的中华文化，增加学生对优秀传统文化的认知度和认同感，促进学生"审美鉴赏与创造""文化传承与理解"的发展；通过与文物面对面，近距离感受中华历史的璀璨文明，增强学生的民族自豪感，提升学生的爱国情怀；通过观赏栩栩如生的生物标本，了解动物的生活习性，增进学生保护自然、珍爱生命的意识，培养正确的生命观、人生观、价值观；通过领略中国古代科学技术的成就，在赞叹先辈无穷的智慧与创造力的同时，获得亲身参与社会实践的体验，提升学生的创新实践能力；通过识别不同草药与了解相对应的治病功效，在感受我国古代传统中药魅力与智慧的同时，拓宽学生在医药学领域的见识，提升日常生活的自救能力；在巡游过程中学会合作与分享，加强团队精神和目标意识，提高学生的责任意识与担当意识；在巡游过程中锻炼学生批判质疑和勇于探究的能力，培养学生的科学精神与自主发展的能力。

② 课程内容

A. 山东省博物馆

巡游"佛教造像艺术展厅""汉代画像艺术展厅""山东历史文化展厅（史前、夏商周、秦汉–明清）""明代鲁王展厅""万世师表展厅""非

洲野生动物标本展厅""海洋之心——有孔虫科普展厅""湿地精灵——山东鸟类标本展厅""考工记——山东古代科技展厅"。

体验式校本课程之博物馆巡游手册(山东省博物馆):

宝物（三）

问题一：上图的这位人物是谁？

问题二：他对中华文明有哪些贡献？

宝物（四）

问题一：以上草药在哪个展厅展出？

问题二：这三种草药的名称分别是什么？其主要功效分别是什么？

问题三：哪部著作总结了我国古代药物学成就？

附录1：巡游站点简介

站点一：史前历史文化展厅

山东是中华文明重要的发祥地之一，有着悠久的历史和灿烂的文化。早在四五十万年前的远古时代，这片土地上就生活着与"北京人"同时代的"沂源人"。山东地区新石器时代的遗存十分丰富，以后李文化——北辛文化——大汶口文化——龙山文化——岳石文化为代表的新石器时代文化发展谱系脉络清晰，说明这里也是中国古代文明的重要起源地之一。反映这一时期的文物展品，从远古蛮荒到定居农业，从粗糙的打制石器到工艺精湛的玉器，从简单的粗制陶器到精美绝伦的蛋壳黑陶，以各种角度映照出当时这里人们的生存状态和山东地区辉煌的史前文明。

夏商周与秦汉明清展厅

参观这两个展厅的大量历史文物，使我们进一步了解了山东的历史文化。作为一个山东人，我们应为山东的悠久历史文化而感到自豪！无论是夏商周的青铜器、甲骨文、大玉璧，还是比万里长城早建四百余年的齐长城，都真实地反映了灿烂的山东历史文化。

明代鲁王展厅

鲁王是明代开国皇帝朱元璋的第十个儿子朱檀。明洪武三年（1370年）出生。两月后被朱元璋封为鲁王。朱檀自幼好诗书礼仪，礼贤下士，博学多识，甚得朱元璋喜爱。可惜的是，这位鲁王喜丹药，十九岁时即因服食丹药中毒伤目而亡，谥号"荒"。鲁王的陪葬十分丰富，其中一件九旒冕位列山东省博物馆十大镇馆之宝，戗金云龙纹朱漆木箱又被观众评为最具视觉冲击奖，天风海涛琴被评为最具听觉冲击奖。为此，省博专门设立了明鲁王展厅，足以看出对明鲁王出土文物的重视。

万世师表展厅

"人类如果要在二十一世纪生存下去，必须回首两千五百年去汲取孔子的智慧"，这曾是1988年诺贝尔奖一位获得者的一段话。而在山东省博物馆的万世师表展厅里，就展出了历代丰富的祭孔文物精品、孔府珍藏历代艺术品、服饰、生活实用器皿等。高大而充满历史感的孔子雕像选材自孔林当中的一株巨大楷树，由山东工艺美术大师颜景新雕刻而成。整个雕像上半部是人们常见的孔子行教像的形象，温和谦逊，下半部保留了树根遒劲有力的自然形态，寓意孔子思想的博大精深。在展览中不但有精美的文物、丰富的图片，也有复原景观、模型、多媒体等多种表现形式，使整个展览丰满而生动。走在孔子文化大展当中，细细品味这位儒家先贤的一生，无疑是一种文化上的朝圣之旅。

山东师范大学第二附属中学　　　　　　体验式校本课程之博物馆巡游

附录2：文章链接

你会参观博物馆吗？

博物馆是人们享受终身教育的第二课堂，也是高雅的文化殿堂。高雅的学习和参观环境需要参观的观众具备文明、科学的参观素质和习惯，这也与广大观众为提高自身文化素质和道德素养而来参观博物馆的初衷相一致。因此，观众参观博物馆过程中应注意言行，时刻保持文明、有序参观，与博物馆共创优质参观环境。

1.为什么博物馆内的展品不能随意触碰？

部分展品由于体量较大，或博物馆为了让观众能更直观地观察这些展品，被裸露展出，未加装玻璃罩等防护措施。观众不应随意触摸或攀爬这些展品，以免造成它们的污损。特别应注意的是，部分文物因存世时间较长，随意触摸和攀爬极易使它们损毁，造成不可估量的损失；一些文物展品如金属类、织绣类、竹木器等文物展品对温湿度有较高要求，触摸展品使汗液滞留在文物展品表面，易使这些文物发生相应变化，不利它们的展出和保存。各馆对观众参观裸露展品都会提出具体要求，如设置说明牌，或用隔离带将展区与活动区域隔离，请观众理解并给予积极配合。

2.为什么博物馆禁止使用闪光灯？

光，蕴含能量。而又正是这些能量，成为了文物老化的罪魁祸首之一。其中最致命的可能是光化学反应：在这些能量的作用下，文物表面的分子或者分解，或者和其他物质反应，从而失去了原本的特征。

在纯粹的黑暗中保管文物当然最理想，但这样就失去了文物的教育和审美意义。博物馆会严格控制馆内光源，既能让参观者肉眼看到重要细节，又能尽可能延长文物的寿命；但再好的控制，面对外来的闪光灯也会化为泡影。

织物最易"见光死"，光可以让绘画、彩俑"黯然失色"，多彩的织物和彩俑依赖于各种染料。正所谓"成也萧何，败也萧何"，染料本身的脆弱，也使彩色织物更加难以保存。造成染料如此"娇弱"的原因很多，"光漂白"便是罪魁祸首之一。顾名思义，染料的光漂白就是指染料在光照作用下发生褪色。绘画使用的各种无机颜料，比如铅白，朱砂等等，以及彩俑上使用的矿物颜料经过光照的颜色会发生明显变化。皮革、皮毛、羽毛也属于光敏性文物，微小的光线变化都可能对它们造成不可逆的影响。

纸张、木器经不起"折腾"。许多闪光灯的发射区是包括红外区的，红外光虽然能量较低，但是其显著的热效应可以加速纸张、木器等纤维素丰富的藏品脱

B. 陕西历史博物馆

巡游内容：巡游第一展厅："文明摇篮——史前时期（约163万年前～公元前21世纪）""赫赫宗周——周（约公元前21世纪～公元前771年）""东方帝国——秦（公元前770年～公元前207年）"。

巡游第二展厅："大汉雄风——汉（公元前202年～公元220年）""冲突融合——魏晋南北朝（公元220年～公元581年）"。

巡游第三展厅："盛唐气象——隋唐（公元581年～公元907年）""文脉绵长——唐以后的陕西（公元907年～公元1911年）"。

巡游对象：2017、2018级学生。

跨学科体验式校本课程之博物馆巡游手册（陕西历史博物馆）：

山东师范大学第二附属中学

体验式校本课程之博物馆巡游

——陕西历史博物馆站

求真

组 名　　中学＿＿＿＿组
队 名＿＿＿＿＿＿＿＿＿＿＿＿＿
姓 名＿＿＿＿＿＿＿＿＿＿＿＿＿
＿＿＿＿＿＿＿＿＿＿＿＿＿
＿＿＿＿＿＿＿＿＿＿＿＿＿

山东师范大学第二附属中学
2019年7月

校长寄语

　　山东师范大学第二附属中学建大校区以提升学科核心素养为目标，进行体验式校本课程的开发与研究。体验式校本课程是根据课程目标，充分关注学生的已有经验和实际需要，能够为学习者提供更多生活的经历和经验，培养学生独立探究、自主学习的能力，并且通过体验式校本课程的学习完成对课程观念和情感的认识。体验式校本课程具有整合性、主题化、跨学科和活动性的特点，改变了学科核心素养提升只依靠课堂教学的不足，拓宽了学科核心素养的落实途径。因此，我校体验式校本课程的开发，促进了学生学科核心素养的提升，使现有的校本课程形态更加多元、更加丰富，弥补了原有校本课程重知识拓展、轻活动体验的不足，并能为其他学校体验式校本课程的开发提供实践指导。

　　为了更好地开发体验式校本课程，我校开展"体验式校本课程之博物馆巡游"活动，我们本次到达的是陕西历史博物馆站，我们将巡游三大展厅，三大展厅又涵盖了七大主题。其中第一展厅包括三大专题："文明摇篮——史前时期（约163万年前～公元前21世纪）""赫赫宗周——周"（约公元前21世纪～公元前771年）"东方帝国——秦"（公元前770年～公元前207年），第二展厅则包括两大专题："大汉雄风——汉（公元前202年～公元220年）""冲突融合——魏晋南北朝（公元220年～公元581年）"，第三展厅也包括两大专题："盛唐气象——隋唐（公元581年～公元907年）""文脉绵长——唐以后的陕西（公元907年～公元1911年）"。在这些展厅内分别展出有西周旟鼎、西周五祀卫鼎、西周多友鼎、西汉鎏金银竹节铜熏炉、西汉皇后玉玺、唐朝鎏金舞马衔杯纹银壶、唐朝阙楼仪仗图、唐朝宫女图、唐朝打马球图、唐朝鸳鸯莲瓣纹金碗、唐朝镶金兽首玛瑙杯、唐朝三彩骆驼载乐俑、五代青釉提梁倒灌壶、北宋黑釉油滴碗等18件国宝级文物以及各种陕西地方特色文物。博物馆是文明的缩影，它既保存着人类历史上创造的珍奇异宝，也珍藏着那些静待世人费尽心思想要发掘了解的精神智慧。而陕西历史博物馆，作为一座历史和艺术的宝库，馆藏文物不仅数量多、种类全，而且品位高、价值广，其中的商周青铜器精美绝伦，历代陶俑千姿百态，汉唐金银器独步全国，唐墓壁画举世无双。陕西历史博物馆可谓是华夏宝库。同时，通过博物馆巡游活动，既可以提升学生的审美情趣，尽数吸收璀璨文明的精华，亦可领略辉煌灿烂的古代科技文明，感受古人的聪明与智慧。博物馆是学生教育的活教材，教育学生尊重历史、传承文化，保护自然、珍爱生命，热爱科学、创新科技，同时也见证了一座城市对文化遗产传承和文物保护的责任和担当。

山东师范大学第二附属中学　　　　　体验式校本课程之博物馆巡游

寻宝手册

宝物（一）

问题一：这件文物的名称是什么？

问题二：这件文物展出于哪个展厅的哪个单元？

问题三：这件文物出土于何时？又出土于何处？

问题四：这件文物最具价值的部分在何处？为此它有何称号？

宝物（二）

问题一：这件文物的名称是什么？

问题二：这件文物展出于哪个展厅的哪个单元？

问题三：这件文物出土于何时？为古代哪位历史人物所持有？

问题三：这件文物设计的巧妙之处在哪里？地位如何？

山东师范大学第二附属中学　　　　　　体验式校本课程之博物馆巡游

寻宝手册

宝物（三）

问题一：这件文物的名称是什么？它出生于何时？

问题二：这件文物展出于哪个展厅的哪个单元？

问题三：试着简要描述这件文物的造型特点。

问题四：这件文物设计的巧妙之处在哪里？

宝物（四）

问题一：这件文物的名称是什么？

问题二：这件文物展出于哪个展厅的哪个单元？

问题三：这件文物出生于何时？造型如何？

问题四：这件文物设计的巧妙之处在哪里？

③ 课程实施

A. 山东省博物馆

a.学习酝酿

组建巡游小组：每4人一个巡游小组（根据班级人数，个别小组可以5个人），协作完成一份任务单。每个班分为12个小组，随机抽取一份任务单。抽到相同任务单的为一组，每组一个小组长。班主任将分组情况填写在《体验式学习评价表》中。

巡游启动仪式：

时间：巡游出发前（一般为4月份）。

地点：各班教室。

对象：学生和班主任。

内容：学生和班主任一起学习博物馆礼仪，班主任向学生传达参观流程。

b.制订计划

以小组为单位根据巡游手册制订巡游计划，主要包括小组名称、巡游任务单研究、巡游收获分享形式、小组成员的具体分工等。

每个同学需要在巡游前做好以下准备：阅读文章《你会参观博物馆吗？》；利用周末回家找出所有你外出旅游与各地文物的合影，并准备好"我与文物面对面"用于巡游分享。备齐水杯、本子、笔等。

c.体验实施

巡游路线（各班参观站点相同，但为避免拥堵，各班巡游路线起始点不同）：

集体寻宝——在讲解员的带领下进行集体寻宝。寻宝的展厅为二楼6号"史前历史文化展厅"、7号"夏商周文化展厅"、8号"秦汉至明清展

厅"、10号"明代鲁王展厅"、13号"万世师表展厅"。

自由寻宝——在班主任的带领下进行自由寻宝。寻宝的展厅为一楼1号"佛教造像艺术展厅",一楼2号"汉代画像艺术展厅",三楼16、17号"非洲野生动物标本展厅",19号"有孔虫科普展厅",20号"山东鸟类标本展厅",21号"山东古代科技展厅"。

具体巡游路线安排(以一次巡游为例):

	第一站	第二站	第三站	第四站	第五站	第六站
1班	二楼6、7、8、10、13号"史前历史文化展厅""夏商周文化展厅""秦汉至明清展厅""明代鲁王展厅""万世师表展厅"1:30—2:30	汉代画像艺术展厅(一楼2号)2:35—2:50	佛教造像艺术展厅(一楼1号)2:55—3:10	非洲野生动物标本展厅(三楼16、17号)3:15—3:30	有孔虫科普展厅、山东鸟类标本展厅(三楼19、20号)3:35—3:50	山东古代科技展厅(三楼21号)3:55—4:10
2班		佛教造像艺术展厅(一楼1号)2:35—2:50	汉代画像艺术展厅(一楼2号)2:55—3:10	有孔虫科普展厅、山东鸟类标本展厅(三楼19、20号)3:15—3:30	山东古代科技展厅(三楼21号)3:35—3:50	非洲野生动物标本展(三楼16、17号)3:55—4:10
3班	非洲野生动物标本展厅(三楼16、17号)	山东古代科技展厅(三楼21号)1:50—2:05	有孔虫科普展厅、山东鸟类标本展厅(三楼19、20号)2:10—2:25	二楼6、7、8、10、13号"史前历史文化展厅""夏商周文化展厅""秦汉至明清展厅""明代鲁王展厅""万世师表展厅"2:30—3:30	佛教造像艺术展厅(一楼1号)3:35—3:50	汉代画像艺术展厅(一楼2号)3:55—4:10
4班	山东古代科技展厅(三楼21号)1:30—1:45	有孔虫科普展厅、山东鸟类标本展(三楼19、20号)1:50—2:05	汉代画像艺术展厅(一楼2号)2:10—2:25	二楼6、7、8、10、13号"史前历史文化展厅""夏商周文化展厅""秦汉至明清展厅""明代鲁王展厅""万世师表展厅"2:30—3:30	非洲野生动物标本展厅(三楼16、17号)3:35—3:50	佛教造像艺术展厅(一楼1号)3:55—4:10

巡游要求：以班级为单位进行活动，班主任和副班主任全程跟班，参观完的小队可原地填写任务单等待其余小队；要求班主任和副班主任必须严格按照巡游路线表上的时间组织学生；要求学生外出活动严格遵守纪律，不能私自离队，一切行动听指挥。不可以带任何零食，去厕所要以小组为单位向带队老师报告，快去快回，注意安全；自由寻宝时间班主任在站点（展厅）外等候，副班主任带领学生在每个展厅中以小组为单位自由寻宝，完成任务单的小组可到展厅外班主任处盖章，并原地等候其余小组。全班集合完毕后再统一带到下一站点。

博物馆巡游前教师讲解参观礼仪及介绍展馆：

学生在博物馆各展馆寻宝：

学生完成寻宝任务找老师盖章（评价的依据之一）：

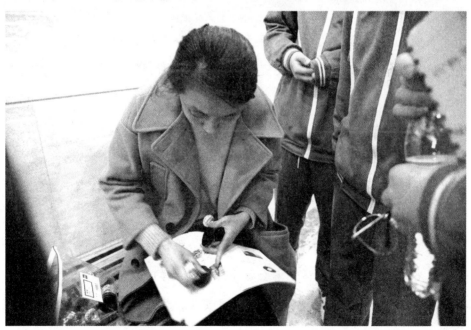

d. 成果展示

完成报告：每人撰写300字左右的巡游报告，内容主要包括巡游过程中的所见所闻和收获感悟两个方面。

交流分享：班主任利用班会课组织学生交流心得、分享成长。

例：

山东省博物馆巡游报告

七年级一班　马誉嫣

四月十号下午，我们初一全体同学乘坐大巴车来到了山东省博物馆。我很喜欢省博物馆的外观和风格，不愧是省博物馆，真的很气派，也很有文化气息。

人很多，不过因为厅内本身很宽敞，所以一点也不拥挤。因为走道上没有开很强的光，展品上方的灯便很好地突出了文物的样子。

一件件器物，很多是生活用品，我不禁赞叹，古代的帝王诸侯们，都是多么奢侈啊！在我们看来，每一件都有着精美、奇特的花纹，也都带着或多或少的历史划痕。因为以前我就一直对这类东西很感兴趣，所以倒也不怎么枯燥，给我们做介绍的机器一直说着，虽然有很多专业术语不太懂，但是大致听得懂。

我很快被一种名叫镇墓兽的东西吸引了，张扬的兽嘴，未掉落的彩漆，集合了各种动物器官的样子，怎么看都不是什么祥瑞。介绍说一般墓中都会放镇墓兽，为的是让镇墓兽更好地与神灵交流，帮助灵魂升天，同时也是保护墓主。

然后，我们又看了木乃伊。准确地说，这部分我兴趣不浓，每颗头骨都因为年代久远的土层的挤压而变了形，不过还是看得出来。还有人类或动物的牙齿，骨骼化石……

接下来，我们还看了瓷器，这是我相当喜欢的，很精致！而且，就眼前的来看，保存得相当好。在这里，全是闪闪发光的，相比较青铜器具，果真还是亮些啊！除了纯色调的碗以外，就是瓷器上面还有故事、人物，有诗句和梅兰竹松等植物的饰纹。看着瓷器上的花纹，觉得古人多么努力、多么厉害啊！连人物衣服上的花纹都描画得清晰美丽，实在是令人叹服！

博物馆真是令人期待的地方，在里面的确可以学到很多东西！博物馆真是博大，尽管时间已经过了半天，但还有很多东西没有看。

下次，我一定会再来的！

B. 陕西历史博物馆

a. 学习酝酿

组建巡游小队：每2-3人一个巡游小队，协作完成一份任务单。每个组分为4个小队，带队老师给每个小队随机分配任务单（4个寻宝手册）。带队老师将分组情况填写在《体验式学习评价表》中。

巡游启动仪式：

时间：7月20日上午10点。

地点：山东师范大学第二附属中学建大校区报告厅。

对象：2017、2018级学生和带队老师。

内容：学生和老师一起学习《参观博物馆礼仪》，带队领导向学生传达活动流程。发放学校统一印制的体验式校本课程之博物馆巡游手册。

b. 制订计划

以小队为单位根据巡游手册制订巡游计划，主要包括小队名称、巡游任

务单研究、巡游收获分享形式、小队成员的具体分工等。

每个同学需要在巡游前做好以下准备：阅读文章《你会参观博物馆吗？》；利用假期找出所有你外出旅游与各地文物的合影，并准备好"我与文物面对面"用于巡游分享；备齐水杯、本子、笔等物品。

c. 体验实施

巡游路线：在导师的带领下完成寻宝任务。

巡游第一展厅："文明摇篮—史前时期（约163万年前～公元前21世纪）""赫赫宗周—周（约公元前21世纪～公元前771年）""东方帝国—秦（公元前770年～公元前207年）"。

巡游第二展厅："大汉雄风—汉（公元前202年～公元220年）""冲突融合—魏晋南北朝（公元220年～公元581年）"

巡游第三展厅："盛唐气象—隋唐（公元581年～公元907年）""文脉绵长—唐以后的陕西（公元907年～公元1911年）"。

巡游要求：以小组为单位进行活动，带队老师全程跟班，参观完的小队可原地填写任务单等待其余小队；要求带队老师必须严格按照巡游路线组织学生巡游；要求学生外出活动严格遵守纪律，不能私自离队，一切行动听指挥。

陕西历史博物馆寻宝：

d. 成果展示

完成报告：每人撰写300字的巡游报告，内容主要包括巡游过程中的所见所闻和收获感悟两个方面。

交流分享：班主任利用班会课组织学生交流心得、分享成长。

④ 课程评价

A. 山东省博物馆

a. 评价说明

巡游情况计入个人学分。每次巡游按10学分计入学生个人成长档案，该巡游必须在学校统一安排的时间内完成。

学分计算方法。巡游学分由两部分组成，一是小组巡游表现占7分，由班主任根据小组巡游的实际表现评选出5个优秀小组、7个良好小组；二是个人巡游报告占3分，由历史任课教师进行评选，按班级人数的30%评为优秀、50%评为良好、20%评为合格。学校将对巡游优秀小组颁发奖状进行表彰，并从全年级筛选部分优秀巡游报告印制成册。凡发现报告下载、雷同现象，取消小组所有成员的评优资格，学分记为0分。

b. 具体安排

巡游小组评价。班主任将每个小组的巡游评价结果填写在《体验式学习评价表》中，5个优秀小组（每人得分为100分）、7个良好小组（每人得分为80分）。

巡游报告评价。由班主任收齐班级所有巡游报告，交给历史教师进行100分制评分，并将报告分数填写在《体验式学习评价表》中。

最终成绩评价。班主任最终对评选结果进行汇总，根据《体验式学习评价表》中每人巡游得分的70%和报告得分的30%算出最后评价结果，得分在班级前40%的等级为A，完成情况不佳者等级为C，其余等级为B。班主任将

填好最终成绩的《体验式学习评价表》上交教务处，教务处审核后将结果公示、计入学生个人学分。（A等级：10分，B等级：8分，C等级：6分）

B. 陕西历史博物馆

a. 评价说明

巡游情况计入个人学分。每次巡游按10学分计入学生个人成长档案，该巡游必须在学校统一安排的时间内完成。

学分计算方法。巡游学分由两部分组成，一是小队巡游表现占7分，由带队老师根据小组巡游的实际表现评选出2个优秀小队、2个良好小队；二是个人巡游报告占3分，由历史任课教师进行评选，按参加人数的30%评为优秀、50%评为良好、20%评为合格。学校将对巡游优秀小队颁发奖状进行表彰，并从全年级筛选部分优秀巡游报告印制成册。凡发现报告下载、雷同现象，取消小队所有成员的评优资格，学分记为0分。

b. 具体安排

巡游表现评价。带队老师将每个小队的巡游评价结果填写在《体验式学习评价表》中，2个优秀小组（每人得分为100分）、2个良好小组（每人得分为80分）。

巡游报告评价。由带队老师收齐班级所有巡游报告，交给历史老师进行100分制评分，并将报告分数填写在《体验式学习评价表》中。

最终成绩评价。学校最终对评选结果进行汇总，根据《体验式学习评价表》中每人巡游得分的70%和报告得分的30%算出最后评价结果，得分在前40%的等级为A，完成情况不佳者等级为C，其余等级为B。教务处审核后将结果公示、计入学生个人学分。（A等级：10分，B等级：8分，C等级：6分）

（2）大学巡游课程。

① 课程目标

通过大学巡游开阔眼界，增长见识，在增加对大学校园的认知度和认同感的同时，全方面提升个人素养，建立深厚的人文底蕴。通过感受中外铁路的建筑文化，在感受人类社会发展与中华文明进步的同时，增强学生自觉弘扬中华文化的意识与民族自豪感，提升学生的爱国情怀；通过欣赏设计独特的映雪湖美景及环绕其周围的多植物生态群落，在感受美、理解美、学会体验生活带来的乐趣的同时，提高学生对不同种类植物的辨识能力，增进学生亲近与保护自然、珍惜与爱护生命的意识，帮助学生树立正确的生命观、人生观、价值观；通过领略一张张看似陈腐实则别有一番韵味的老地契与旧地图，在赞叹济南城市迅速变迁与发展的同时，培养学生正确的时空观念与心怀天下、吃苦耐劳、乐于奉献的品质；通过直观了解老别墅迁移过程中的平移技术，在获得亲身参与社会实践体验的同时，培养学生善于运用科学思维解决实际问题的意识与追求实践创新科技的能力；在巡游过程中学会合作与分享，加强团队精神和目标意识，提高学生的责任意识与担当意识；在巡游过程中锻炼学生批判质疑和勇于探究的能力，培养学生的科学精神与自主发展的能力。

② 课程内容

巡游时间：每年4月份的一天下午。

巡游出发地点：山东师范大学第二附属中学建大校区求真广场。

巡游结束集合地点：山东建筑大学映雪湖畔。

巡游对象：2017级全体学生和任课教师。

巡游内容：巡游山东建筑大学新校区校园六个站点——建筑平移技术展览馆（老别墅）、房契地契地图展馆（凤凰公馆）、映雪湖、海草房、岱岳一居、铁路工业与建筑文化展示基地。

③ 课程实施

A.学习酝酿

a.组建巡游小组

每4人一个巡游小组（根据班级人数，个别小组可以5个人），协作完成一份任务单。每个班分为12个小组，1—6组编为一队，7—12组编为二队。每组一个小组长，每队一个队长。班主任将分组情况填写在《体验式学习评价表》中。

b.巡游启动仪式

时间：巡游出发前。

地点：山东师范大学第二附属中学建大校区报告厅。

对象：学生和班主任、副班主任。

内容：观看山东建筑大学宣传片《风华建大》，预先了解山东建筑大学概况，增加学生对大学校园的熟悉度和感情；由山东建筑大学校园讲解员来学校介绍巡游各站点的相关资料；班主任带领学生学习了解学校统一印制的《体验式校本课程之大学巡游》手册。

B. 制订计划

以小组为单位根据巡游手册制订巡游计划，主要包括小组名称、巡游任务单研究、巡游收获分享形式、小组成员的具体分工等。

每个同学需要在巡游前做好以下准备：

阅读文章：请在巡游前阅读文章《背影》和《詹天佑》。

寻找合影：利用周末回家找出所有你外出旅游与各地火车站的合影，并准备好"我与火车站的故事"用于巡游分享。

备齐物品：巡游时带好水杯、本子、笔。

C. 体验实施（以一次巡游为例）

巡游路线（表中时间为每站点巡游开始时间）：

班级	第一站	第二站	第三站	第四站	终点站
1班 2班	铁路基地 1:00	映雪湖 1:50	凤凰公馆 2:40	老别墅 3:30	湖边空地 4:20
3班 4班	映雪湖 1:00	铁路基地 1:50	老别墅 2:40	凤凰公馆 3:30	湖边空地 4:20
5班 6班	凤凰公馆 1:10	老别墅 2:00	铁路基地 2:50	映雪湖 3:40	湖边空地 4:20

巡游要求：每两个班（4队）走同一条巡游路线，要求两个班在站点处统一整队，一起出发至下一站点，参观完的小队可原地填写任务单等待其余小队；要求班主任和带队老师必须严格按照巡游路线表上的时间组织学生，否则容易出现巡游站点拥堵，造成现场混乱；要求学生外出活动严格遵守纪律，不能私自离队，一切行动听指挥。不可以带任何零食，去厕所要以小组为单位向带队老师报告，快去快回，注意安全。

分学科体验式校本课程之大学巡游：

学生完成手册上的任务后找老师卡章（评价的依据之一）：

D. 成果展示

完成报告：每人撰写300字左右的巡游报告，内容主要包括巡游过程中的所见所闻和收获感悟两个方面。

交流分享：班主任利用班会课组织学生交流心得、分享成长。

例：

匠心

八年级一班　王雪坤

用匠心，暖人心。

——题记

建大巡游，也算是领略了一番中国铁路的发展史，见识了异地重建和迁移技术的风采。关注的，不只是成绩，还有建大学子和各路工程师的匠人精神。

铁路公馆内有一伟人，詹天佑，是中国铁路的领航员、奠基人，在那个技术落后、资金落后的中国，詹天佑拒绝任何外部指导，独自设计了"人"字型铁路，使中国有了第一条中国人自己的铁路——京张铁路。这位伟大的爱国工程师，运用自己的智慧，凭着渗透在骨子里的匠人精神，狠狠地回击了一众鄙夷的目光。

老的事物总是勾起人的回忆。在建大人的坚持下，老别墅异地迁移，凤凰公馆异地重建。在匠人眼中，有历史的，就一个也不能少，有价值的，就一个也不准拆。你不要，没关系，我要。匠人要，匠人会发挥出它所有的价值，历史文化，匠人来守护。不仅如此，老别墅中记录了各种伟大的迁移

工程，精确到各个方位、角度；凤凰公馆中收藏着各朝的地图地契，一路走来，济南的建筑历史一目了然。

说到民居，就不自主想起了民间的手工艺术，木雕风筝布老虎，一雕一镂，一刻一印，都是岁月，都是文化，都出自匠人之手——我奉献我的精力与耐心，换来文化的传承与升华。

其实，匠心还是随处可见，映雪湖的周围，植被茂密，说是满园春色不为过。建大人用心斟酌园林的排版设计，各种植物各不同，高低错落层层相叠，确保了植物能够充分接受阳光照射，并与美观相融合，湖边的玄关设计独特，充分利用每一寸土壤、每一滴湖水，美化环境，涵养水源。

还记得高原上的冻土塞风，还记得建在世界屋脊上的唐古拉车站。火车在铁路上跑，匠人也跟着，凡是匠人去过的地方，就是火车走过的地方。

因为匠心，高原上没有冻土；因为匠心，历史才会一代代传承。

匠心，暖人心。

④ 课程评价

A. 评价说明

计入学分：每次巡游按10学分计入学生个人成长档案，该巡游必须在学校统一安排的时间内完成。

学分计算方法：巡游学分由两部分组成，一是小组巡游表现占7分，由班主任根据小组巡游的实际表现评选出5个优秀小组、7个良好小组；二是个人巡游报告占3分，由相关任课教师根据学生巡游报告的书写质量进行评选，按班级人数的30%评为优秀、50%评为良好、20%评为合格。学校将对巡游优秀小组颁发奖状进行表彰，将优秀巡游报告收录到《体验与成长——促进学科核心素养提升的初中体验式校本课程开发典型案例集》中。凡发现报告下载、雷同现象，取消小组所有成员的评优资格，学分记为0分。

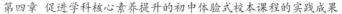

B. 具体安排

巡游小组评价：班主任将每个小组的巡游评价结果填写在《体验式学习评价表》中，5个优秀小组（每人得分为100分）、7个良好小组（每人得分为80分）。

巡游报告评价：由班主任收齐班级所有巡游报告，交给语文老师进行100分制评分，并将报告分数填写在《体验式学习评价表》中。

最终成绩评价：班主任最终对评选结果进行汇总，根据《体验式学习评价表》中每人巡游得分的70%和报告得分的30%算出最后评价结果，得分在班级前40%的等级为A，完成情况良好者等级为B，完成情况不佳者等级为C。班主任将填好最终成绩的《体验式学习评价表》上交教务处，教务处审核后将结果公示、计入学生个人学分。（A等级：10分，B等级：8分，C等级：6分）

体验与成长

TIYAN YU CHENGZHANG

跨学科体验式校本课程之大学巡游手册：

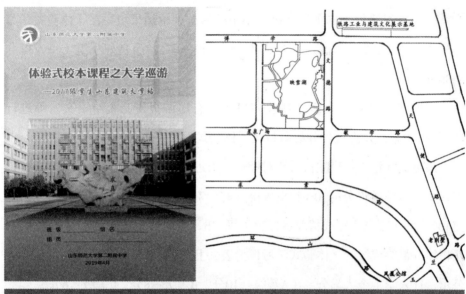

促进学科核心素养提升的初中体验式校本课程的实践成效

　　山东师范大学第二附属中学体验式校本课程实施近三年来对学生和教师的发展以及学校的提升都起到了显著的促进作用。该课程的开发和实施极大地促进了学生的个性发展和学科核心素养的提升，加速了教师的专业化发展，增进了师生情谊，密切了家校合作，融洽了亲子关系，推动了学校的内涵发展，提升了学校的美誉度和社会影响力，对区域教育的协同发展起到广泛辐射和优质带动的作用。

一、促进了学生学科核心素养的提升，实现德智体美劳全面发展

　　山东师范大学第二附属中学的体验式校本课程是一种以体验为课程设计主线的校本课程，旨在让学生在活动过程中，通过自己的尝试、实践、体验，熏陶情感，锻炼才能，增长见识，增进合作，提升综合素养。它指向学生的生命发展，能完善学生生命历程，是促进学生学科核心素养提升和个性特长全面协调发展、健康快乐成长的重要途径。

毫无疑问，体验是该课程的最大特色：学生在实践活动中体验成功的快乐、享受同伴及师长的赞美，并具有赞美他人及万物的能力，获得向上、向善发展的动力；学生在团体活动中获得倾听、观察、合作等能力的发展，通过积极、快乐地参与集体体验，培养沟通交流等人际交往能力；学生在亲身经历中保持对新鲜事物的好奇心及各类现象的探究欲，培养提出和发现问题以及解决问题的能力。所以，体验式学习最能以学生的发展为依托，所关心的不仅是人可以经过学习获得多少知识、认识多少事物，还在于人的情感、态度和价值观可以经由学习获得彰显和提升。这也是素质教育大背景下培养核心素养的最真实、有效的路径。例如，我校体验式校本课程中的"博物馆巡游"课程，即带领学生实地参观博物馆，感受中华五千年文明之博大精深与古代科技之绚烂多彩，学生在真实的实践体验情境中通过亲身实践、合作探究等方式寻求答案，并体验成功或失败的情感。在博物馆巡游的过程中，教师会为学生发放一本巡游手册，学生则根据手册中的要求合作完成任务；在合作探究问题的过程中，结合已学知识与实地考察到的知识，进行学科知识的自我筛选与消化，内化成自己的知识，完成课本知识的自我建构，这便是我们教学的价值所在；而教育的终极追求，则是让学生学会将所学知识运用于实践中，解决生活中的问题，获得生存和长远发展的能力，正如"博物馆巡游"活动最终带给学生的便是他们能够将书本知识恰当地与生活实践相结合，真正做到"学会学习，学有所用，学以致用"。因此，我们的校本课程不仅提升了学生的知识广度和深度，还在实践过程中增加了技能训练与情感态度体验，锻炼了精神意志品质，更是直接指向其生命的发展，全方位地促进学生学科核心素养的发展。

体验式校本课程的另一大特色是与学校培养目标高度切合，关注学生的个体差异，强调满足不同学生的不同需求。也就是说，把学生的个性发展作为校本课程开发的一大关注点。不得不说，虽然国家一再强调关注学生的个体差

异、正在探索促进学生德智体美劳全面发展的课程改革，但片面追求升学成绩的应试教育的影响依然存在，学生的个性发展在某些方面受到了束缚。而我校校本课程的构建真正做到了对学生需求进行科学分析，根据他们的兴趣爱好开展独具特色的活动内容。比如，小课题的研究便充分关注到了学生的个体差异，让学生在自主选题、自由结合的体验中学习。课题几乎涵盖所有学科，学生可以结合教材所学的有关内容充分进行实践拓展，或者针对学生感兴趣的具有研究性的问题、现象，予以探究。这种极具学科特色的体验方式促进学生主动参与、自主研究、自我完善，使学生在充分体验探究的乐趣和成功的喜悦的同时，在科学态度、合作精神、观察能力、动手能力、实践能力、逻辑推理能力、解决问题和决策能力、科学素养和人文素养等方面也得到了全面发展。

综合来说，校本课程帮助学生获得丰富的学习体验，这些体验对学生的成长和核心素养的提升起着关键的作用，能使学生的学习进入生命领域，调动各种器官去体验、去感受，为学生的认知结构和知识结构之间架起一道永恒的桥梁，是知行合一的学习。孩子们在经历课程的过程中，体验了课程的乐趣，体验了成长的感觉，亦体验了学习的意义与价值。所以，近年来学生在各个领域取得了喜人的成绩。比如2019年10月，我校选派了伊峻志、闫姝睿、周淞璐、孔烜晨4名同学参加在安徽合肥举行的全国第三届"人教杯"诵读大会，诵读作家史铁生的作品《我与地坛》《秋天的怀念》，荣获初中组特等奖（全国唯一一个特等奖）。比赛现场，同学们精湛的文学功底、深厚的表现力，以及镇定自若的表演，让在场的评委无不为他们所折服，这也充分体现了我校学生的优秀素养。俗话说，"台上一分钟，台下十年功"，这4名同学步入初中时正是我们体验式校本课程开始实施的时候，正是这三年来对他们潜移默化的能力培养和素养提升，才为他们今日骄人的表现打下了坚实的基础。自促进核心素养提升的初中体验式校本课程实施以来，我校学生获得各级各类奖项层出不穷，下表仅是我校部分学生的获奖情况。

我校学生部分获奖情况（2018年以来）				
学号	姓名	获奖情况	获奖日期	颁发机构
20170401	刘人玮	全国信息奥赛二等奖	2019.11	中国计算机学会
20170404	黄一诺	全国中学生公开论坛辩论赛季军	2018.04	全国中学生学术辩论与演讲协会
20170440	李明昊	全国初中数学联赛山东省一等奖	2018.05	全国初中数学联合竞赛组委会
20170912	高圣涵	IAP全国数学、英语优秀奖	2019.01	中关村教育评价创新研究会
20170922	张钰丰	"文心雕龙杯"校园文学主题征文	2019.06	"文心雕龙杯"校园文学主题征文组委会
20170922	张钰丰	第十五届青少年冰心文学活动预选赛	2019.11	青少年冰心文学活动组委会
20170928	陈心悦	全国铜奖（数学）	2019.01	IAP综合素质选拔
20170930	郭思思	在第十五届全国青少年冰心文学活动预选中，参选作品《妹妹的故事》荣获二等奖	2019.11	全国青少年冰心文学活动组委会
20180501	洪璟妍	第13届全国学生作文大赛一等奖	2018.06	全国作文大赛组委会
20180514	赵彬	山东青少年英语电视大赛二等奖	2018.05	山东青少年英语电视大赛组委会
20180527	姜凯航	中国日报社"21世纪杯"中小学英语演讲比赛二等奖	2019.10	中国日报社
20180612	邓渝梦	第十五届全国青少年冰心文学活动一等奖	2019.11	全国青少年冰心文学活动组委会
20180912	刘鸣君	第十三届全国学生作文大赛二等奖	2018.06	中国散文学会全国学生作文大赛组委会
20190110	丁赫永	第十五届"为学杯"创新作文小学组三等奖	2019.12	中国修辞学会读写教学专业委员会 为学作文系列图书编辑部
20190110	丁赫永	第18届中国日报社"21世纪杯"中小学生英语演讲大赛北京银行专属赛区山东省复赛初中组三等奖	2019.12	第18届中国日报社"21世纪杯"中小学生英语演讲大赛北京银行专属赛区组委会

我校学生部分获奖情况（2018年以来）				
学号	姓名	获奖情况	获奖日期	颁发机构
20190322	李炳良	第18届中国日报社"21世纪杯"中小学英语演讲大赛山东省复赛初中组一等奖	2019.12	中国日报社
20190431	仲思齐	第十八届"21世纪杯"中小学生英语演讲大赛山东省复赛初中组二等奖	2019.11	中国日报社
20190527	王一壹	21世纪杯英语演讲山东总决赛二等奖	2019.12	21世纪英语演讲组委会

二、提高了教师理论联系实际的能力，教师专业化水平大幅提升

教师是开发校本课程的中坚力量和主力军，在开发过程中发挥着独一无二的作用，教师的观念更新、角色转换以及相应理论和技能的获得将直接影响课程开发和实施的成败。而我校体验式校本课程的开发无疑促使教师从"单纯教学"向"教学研究"的思维转换，为教师潜能的开发和创新精神的发展提供了空间，加速了教师专业化水平的提升。

（一）在校本课程开发的过程中，教师边学习边实践，丰富了自己的知识结构，专业化水平大幅提升

在传统课程教学中，我们中小学教师习惯于做课程计划和课程标准忠实的执行者，只是将特定的知识教授给学生，不需要关心课程开发的知识和

技能，教师对课程的理解较为肤浅和表面。而在我校校本课程的开发和实施过程中，教师是开发与实施的主体，这就促使教师要不断地学习，不断地进步，让自己具备所必需的能力：一是量的拓展，即教师要不断地更新知识、补充知识，扩大自己的知识范围；二是质的飞跃，即教师要进行知识的创新，做到全面深化本学科专业素养；三是知识结构的优化，以广泛的文化基础知识为背景，以精深的学科知识为主干，以相关学科的知识为必要的补充，以丰富的教育科学知识和心理科学知识为本体知识构建整合性的知识结构，这也是教师专业追求的终极目标。

而校本课程的开发为教师的专业化发展提供了新的路径，教师仅仅依靠自己现有的知识水平，已无法满足学生发展的需要，这就迫使教师加强教育教学理论和专业知识的学习。我校校本课程的内容是依据学生的兴趣和发展需要设置的，教师必须真正了解学生的实际需求和渴望，才能让课程内容更加贴近学生、满足学生，进而促进学生的真正发展。在校本课程的带动和激励下，教师的专业素养不断提升，各级各类业务获奖显著增多。

1.各级优质课获奖情况。

自学校体验式校本课程开发与实施以来，仅两年时间，省、市、区级优质课获奖者多达30人次，以下仅以部分获奖教师为例：

（1）焦昆2018年1月提交的课例《photoshop》制作中国传统文化作品《瓷器风韵》获山东省2017—2018学年度"一师一优课，一课一名师"活动优课。

（2）张颖2019年1月执教的《蒹葭》在历下区中小学中华优秀传统文化课程比赛中获初中组二等奖。

（3）吕天琪2019年5月提交的《植物的花——花语花意》课在历下区2019年度初中学科展评活动被评为"历下区优课"，在2018—2019学年历城

区初中生物优质课比赛中，成绩优异，荣获二等奖。

（4）盖家祥2019年5月提交的《器乐中的物理学》在历下区2019年初中物理"一师一优课，一课一名师"展评中被评为历下区优课。

（5）黄振中2019年5月提交的《食盐的旅程》课在历下区2019初中化学"一师一优课，一课一名师"展评中被评为历下区优课。

（6）于春杰2019年6月在2018—2019学年历城区初中数学优质课比赛中成绩优异，荣获二等奖。

（7）庄琪2019年6月提交的《工业化国家的社会变化》在济南市2019学年"一师一优课，一课一名师"初中历史课例评比中荣获二等奖。

（8）怀其才2019年6月提交的《做功了吗》在济南市2019学年"一师一优课，一课一名师"活动中被评为市级优课。

（9）赵岩2019年9月在历下区第五届师生优秀毛笔书法作品展览活动中获教师组一等奖、在济南市师生优秀书法篆刻作品展览中获书法作品二等奖。

（10）张霞2019年12月提交的《微专题复习——气候》被评为山东省2018—2019学年度"一师一优课，一课一名师"活动省级优课。

值得一提的是，语文组杨丽老师依托体验式校本课程的开发而打磨的微课《周亚夫军细柳》在历下区2019年度初中学科展评活动中被评为"历下区优课"，又在2019年济南市、山东省中小学教育教学信息化评选中，荣获初中组微课一等奖。2019年10月，她代表济南市参加第十七届全国初中信息技术与教学融合创新比赛，并获得一等奖的好成绩。杨丽老师借助组内老师的集体智慧和学校校本课程的研发力量，其微课一路过关斩将，在全国比赛中脱颖而出，不仅为学校争得了荣誉，更是印证了体验式校本课程在促进教师专业发展方面的推动作用。

2.各级教学能手等荣誉称号获得情况。

体验式校本课程开发与实施还促进了教师综合能力的发展。2018年1月刘艳红、孟庆玲、徐洁、林祥征、渠珍、陈毅佃、马勇等被聘为历下区学科带头人，任期三年；2018年1月于海燕、任文静、张洁、张霞、怀其才、李兴柱、李靖、王牛颖等被聘为历下区初中学段学科中心组成员，任期三年；2019年3月杨赠琨、张霞等人被评为2018年度历城区教学能手；王晓、张晓雪等多人在2018—2019学年度教育教学工作中成绩突出，于2019年8月被评为校优秀教师；陈毅佃2019年9月被评为2018—2019年度历下区优秀教师；2019年10月，房静、李靖、孟庆玲、怀其才被评为历下区名师。

3.论文发表及获奖情况。

语文组依托体验式校本课程开发中的素材，积极撰写论文，取得了丰硕的成果：

（1）高洪霞2019年11月提交的论文《用心开掘求深出新》荣获"新课程标准下首届中小学写作教学高端论坛"杏坛学术二等奖。

（2）韩荣梅2019年11月提交的论文《读写一体的作文教学探究》荣获"新课程标准下首届中小学写作教学高端论坛"杏坛学术二等奖。

（3）滕南2019年11月提交的论文《素材，心里来》荣获"新课程标准下首届中小学写作教学高端论坛"杏坛学术二等奖。同时提交的论文《写作当求真》荣获"新课程标准下首届中小学写作教学高端论坛"杏坛学术一等奖。

（4）张兴2019年11月提交的论文《从理性中寻求诗意》荣获"新课程标准下首届中小学写作教学高端论坛"杏坛学术二等奖。

（5）张晓菡2019年11月提交的论文《让故事动人让人物鲜活》荣获"新课程标准下首届中小学写作教学高端论坛"杏坛学术一等奖。

4. 积极承担教科研任务。

体验式校本课程的开发过程也是学校引领教师进行研读课标、学习国家教育精神的过程，极大地提升了教师理解教材、挖掘教学资源的能力和水平，教师对教材的这种深入把握能力也引起了省、市、区级教研员的高度关注，不断邀请我校教师到各地进行送课、支教、讲评课、教研主讲等，例如：2017年12月，李立强在济南市"优师送教名师送学"活动中执教《化学实验及探究的复习思路》并受到一致好评；2018年3月，陈毅佃在山东省教育科学研究院组织的全省送教支教活动中执教的公开课《木兰诗》受到一致好评；2018年4月，徐洁被聘为2018年历下区学考模拟题命题小组成员；2018年11月，孙金光、孟庆玲、董伟、张青等多人在山东省基础教育学校发展共同体初中课程论坛中的公开课受到一致好评；2018年12月，孙金光等多人在2018年山东省互联网+教师专业发展现场活动中讲授初中音乐公开课受到一致好评；2019年4月，怀其才在山东省教育科学研究院组织的全省送教助教活动中执教的公开课《做功了吗》受到一致好评；2019年6月，庄琪在历下区举行的初中历史学科九年级集体备课中担任主讲人；2019年6月，李兴柱参与的"学为中心培育核心素养的课堂革命2019系列课程"已由国家级培训项目的培训课程录用；2019年7月，刘艳红被聘为2019山东省互联网+教师专业发展工程市级学科工作坊2019初中综合市级学科坊主持人；2019年10月，杨春红、田春兰、王艳丽、张洁、程瑞、司冬梅等人在济南市教研院对我校调研活动中执教的公开课受到一致好评。

5. 辅导学生获奖情况。

教师专业水平的提升也体现在对学生的辅导水平上，自体验式校本课程实施以来，教师辅导学生获得各级各类奖项显著增多：

（1）2017年12月，陈毅佃、张桂苓、张青、刘法礼、张颖在2017年第十

届IAP中小学生综合素质能力竞赛山东赛区选拔赛中被授予优秀指导教师奖。

（2）2018年4月，在中国中学生大赛2017—2018恒源祥文学之星山东赛区比赛中，王惠兰指导的学生高青果获三等奖；徐丽慧指导的学生周宇获三等奖；刘法礼指导的学生赵紫辰获二等奖。

（3）2018年4月，在历下区第十三届班级合唱节中孙金光、郭萍被评为优秀辅导教师。

（4）2018年5月，袁广玲获第十二届语文报杯全国中学生作文大赛辅导学生指导奖一等奖。

（5）2018年6月，在2018第十一届IAP学科特长评估选拔山东地区复选中李淑红、孟庆玲、丁艳芳、刘兰英、许敏、钱颖、王美娥、刘法礼、王芳等人获优秀指导教师称号。

（6）2018年12月，在2018十一届IAP综合素质评估选拔山东地区省级评选中刘兰英、王美娥、赵华峰、仪修梅、王芳、许敏、张青、郝尚民、司冬梅、郑伟、李艳艳、程瑞等被评为优秀指导教师。

（7）2019年1月，王晓荣获第一届山东省青少年创意编程与智能设计大赛初中组优秀指导教师。

（8）2019年7月，刘博文辅导的学生郑子杨、代佳和、王楚齐、张文豪、李奕萱、梁承厚等人荣获第十七届"全国中小学信息技术创新与实践大赛"决赛模块化机器人竞技赛项初中组二等奖。

（9）2019年9月，赵岩在历下区第五届师生优秀毛笔书法作品展览活动中获优秀指导教师奖。

（10）2019年10月，张兴在山东省首届中小学生作文大赛中被评为优秀指导老师。

（11）2019年11月，袁广玲、朱莲莲、张坤在第三届人教杯重温中华经典献礼七十华诞诵读比赛中获优秀指导教师奖。

（二）在校本课程的开发过程中，教师的课程理论水平和认知水平飞速发展，提升了教学科研能力和水平

校本课程的开发本身就是教师参与科学研究的过程，课程目标的拟定、课程内容的选择和组织、课程的实施与评价等一系列活动，都要依赖于教师的有效参与，因此需要教师具备与此相契合的课程理论知识和课程开发的技能。在课程开发的过程中，教师势必要研究学校、学生、教学等各种情况，要解决各类问题、规范课程开发的各个环节，就必须要查阅有关的课程理论知识、文献等相关资料，课程意识则潜移默化地逐渐扎根于教师的素养中，如何更准确地设定课程目标、如何根据课程目标合理地选择课程内容、如何更扎实地实施课程、如何发挥评价的激励作用等，在课程开发的过程中，教师与课程专家、其他教师、学生、校外人士等共同探讨，共同分享，促进了教师教科研能力的飞速发展，涌现出了一批批专家型教师。

比如作为正高级教师、齐鲁名师工程人选、山东省优秀教师、山东省特级教师、全国优秀语文教师的张青老师，就是在校本课程建设中涌现出的优秀教师代表。在语文组的"群文阅读"能力提升课程的带动下，她坚持引领孩子们大量阅读，倡导整本书阅读和群文阅读，通过"激趣、自读、分享、理清线索、专题讲座"进行坡度式阅读，使他们涵养性情，厚德积能。她始终把语文能力和语文素养的提升放在首位，形成了"情感体验式教学"的独有风格。在学校体验式校本课程的改革与实践中，她注重学生的阅读与写作体验，探索实践的文学鉴赏课与走进国学课成为学生的最爱。她把讲台交给学生，在碰撞交流中加深了学生阅读体验，化育了文学修养。作为学校首席教师、学科带头人，张青带领语文组老师不断反思、实践、改进体验式教学，她主持的"个性化阅读与文学教育"课题曾获得山东省优秀教科研成果一等奖；主持的国家级课题《高效作文教学的

建构及评改一体化研究》于2019年4月结题，经验在语文组推广；主持国家级课题《少教多学在中学语文教学中的策略与研究》已经结题。指导学生参加征文比赛全国获奖100多人次，其中一等奖40多人次；在《中学生读写》《中学生报》《创新作文》发表学生作文30多篇；设立微信公众号"读写留痕"指导推荐学生优秀作品和发表个人教学心得，得到学生及家长好评。张老师作为核心成员参与的山东省重点课题"综合实践活动的德育渗透"于2017年结题，"德育在综合实践中的渗透"校本课程获山东省优秀课程资源一等奖。2019年10月，张老师又开始了校级课题"基于核心素养的青春文学阅读与写作能力的培养"的研究。

随着近几年学校课题的带动和引领，像张青老师这样的研究型教师日渐增多，校本课程的开发真正为教师搭建了成长的平台，以下是我校教师承担的各学科区级以上课题研究情况：

课题研究情况（2017年9月至2020年1月）					
序号	课题类别	课题题目	立项部门	主持人/参加者	起止时间	说明
1	济南市十三五规划教师专项课题	初中数学n+1拓展式教学的实践研究	济南市教育科学规划领导小组办公室	王晓	2018年9月	201901结题
2	学会课题	高效作文教学的建构及评改一体化研究	中国教育学会中学语文教学专业委员会	张青	2018年9月	201904结题
3	国家教育部规划课题	大众文化语境下青少年经典教育的策略研究	国家教育部	史洁/语文组	2017—2019	在研课题
4	历下区教育科学"十三五"规划2018年度规划课题	基于基兰·伊根认知工具理论的初中作文教学研究	历下区教科室	林祥征	2018—2019	202001结题
5	省级"十三五"规划课题	初中数学拓展式课程资源的开发与应用研究	山东省教育科学规划院	刁桂兰等9人	2019年12月	在研课题
6	省"十三五"教育教学研究课题的"重点课题"	基于初中生个性化学习需求的智慧学习支持系统的构建与实践	山东省教育科学研究院	王乐军	2018-2020	在研课题

续表

课题研究情况（2017年9月至2020年1月）						
序号	课题类别	课题题目	立项部门	主持人/参加者	起止时间	说明
7	省"十三五"教育教学研究课题的"重点课题"	促进学科核心素养提升的初中体验式校本课程开发研究	山东省教育科学研究院	房静	2018—2020	在研课题
8	"十三五"市重点课题	基于大数据下的初中生数学个性化学习指导策略案例研究	济南市教育科学规划领导小组办公室	孟庆玲	2019—2021	在研课题
9	"十三五"市教师专项课题	促进语文核心素养提升的小学语文学科综合课程开发研究	济南市教育科学规划领导小组办公室	刘晓艳	2019—2021	在研课题
10	"十三五"历下区规划课题	指向学生发展核心素养的初中生社会责任培养实践研究——以山东师范大学第二附属中学为例	历下区教育科学规划领导小组办公室	刘国静	2019—2020	在研课题
11	"十三五"历下区规划课题	旨在促进中学生思维品质发展的融合式英语阅读教学研究	历下区教育科学规划领导小组办公室	董伟	2019—2020	在研课题
12	"十三五"历下区规划课题	初中历史课堂问题链设计的实践研究	历下区教育科学规划领导小组办公室	张洁	2019—2020	在研课题
13	"十三五"历下区规划课题	基于"互联网+教育"背景下的小学数学核心素养培养的研究	历下区教育科学规划领导小组办公室	贾采林	2019—2020	在研课题
14	"十三五"历下区规划课题	"器乐（口风琴）进课堂"在中小学音乐教学中的实践研究	历下区教育科学规划领导小组办公室	郭萍	2019—2020	在研课题
15	"十三五"历下区规划课题	利用微课提升初中生写作素养的实践研究	历下区教育科学规划领导小组办公室	杨丽	2019—2020	在研课题

（三）教师的特长、个性得到充分展示，合作意识和主人翁责任感增强，提高了积极性，激发了创造力

参与校本课程的开发给了教师充分展示自己特长的舞台，提高了教师的学习自觉性，使教师的合作意识得到了增强。校本课程的开发是校长、课程专家、教师、学生、社会、家长方方面面成员共同参与的过程，是合

作探讨反思的过程，它需要大家齐心协力，需要大家付出真诚与汗水。对每一位教师来说，课程的开发都是一个大工程，因此在开发过程中肯定会遇到各类问题，教师不仅要查阅各类资料，更需要相互交流、分享，需要相互提出建议和意见，教师之间的交流多了，合作多了，教师便在合作中逐渐地成长起来了。

同时校本课程的开发赋予了教师一部分决定课程内容的权力，教师不再单纯是课程的执行者和实施者，还是课程的开发者和决策者。教师的主人翁意识大大提高，教师不再认为"课程只是专家设计的"，越来越多的教师开始意识到国家课程对本校学生的针对性相对较弱，真正做到"以生为本"、发展学生的核心素养，必须要有校本课程的辅助，教师自身有责任将各类校本资源作为课程的补充形式融入到校本课程中去，从而实现各级课程间的资源拓展和整合。

三、促进学校内涵发展，学校美誉度提升、影响力扩大

2014年9月山东师范大学第二附属中学建大校区正式启用。六年的时间，建大校区已初具规模并自成体系，无论是制度、模式还是教学设施皆渐趋完备。而近三年体验式校本课程的开发更是将建大校区的发展推向了一个全新的高度。它的研发始终本着学校"尊重个性，面向全体，挖掘潜力，主动发展"的办学思想，以学生的兴趣需要为出发点，以学生的个性化发展为落脚点，以学生为主体 "自上而下"顶层设计、以教师为主导"自下而上"组织实施，更好地发挥了教师和学生的特长，在一定程度上突显了学校的办

学特色、文化品位和人文精神。随着学校的发展，学生数量的逐渐增多，学生需求不断增加，学校在思考中整合着课程资源，最终把具有体验式特色的校本课程作为发展学生的个性特长、提升教师专业素养、打造办学特色的重要途径。我校体验式校本课程经历了一个从无到有、逐步丰富的过程，而近年来体验式校本课程的顺利实施和显著成效则证明了这条道路的正确性。

（一）体验式校本课程完善了我校校本课程体系，促进了学校独立办学特色的形成

由于不同的学校在办学理念等方面存在很大差异，校本课程的设计与规划必须从本校实际出发，充分认识学校的传统与特色、优势与劣势，明确"要把学校办成什么样子""把学生培养成什么样的人"。通过校本课程的实施，创新学校的传统课程、弥补学校在课程和教师方面的不足、完善学校的愿景和使命、满足教师和学生在课程上的需求，为学校搭建起理想与现实的桥梁，找到理想课程与学校现实之间的结合点。只有这样，在学校办学理念的引领下，在校本课程开发的进程中，管理者、教师和学生的智慧、兴趣和创造性才能得以充分发挥。

我校"体验式"校本课程之"大学巡游"课程中有一项安排是让学生走出课堂，通过观察室外各种植物，让他们对这些植物产生感性的认识，产生深入探究植物的形态、特征及分类等的渴望。如果教师采用传统的课堂教学，学生的学习会变得很枯燥，而让学生走出课堂，通过视觉、触觉、嗅觉等亲身体验的方式，学生就很容易掌握相关植物的知识，甚至会有更多的发现、质疑、探究，这是传统教学很难实现的。体验式校本课程之"博物馆巡游"课程又将博物馆与校本课程有机地结合起来，博物馆中文物和史料等教育资源形象直观地展现在学生面前，它避免了书本知识的

枯燥乏味，增强了学生对历史事件的认识，弥补了学校教育中传统文化教育的不足，培养学生热爱家乡的情感，增强民族自豪感、认同感，是对德育教育的极大丰富。学校拥有其他教育机构所不具备的物质资源与非物质资源，一线教师拥有丰富的授课经验和对未成年人心理活动的研究，所以博物馆教育资源与学校课程有机结合可以弥补学校教育的短板，相得益彰、相互补充、相互促进，校本课程也随之日趋完善，使学生的综合能力在素质教育中得到全面发展。

一所优秀的学校必然有其特色所在、优势所在、风格所在。一所学校如果没有特色，就没有强大的生命力，也就没有优势。但在过去的教育体制背景下，大多数学校是一个循规蹈矩的执行者，没有探索与创造的空间，由此造成了学校千篇一律的现象。而新时代环境下的教育改革，要求学校走一条基于学校现实的特色化的校本课程道路，因为每所学校都有自己独特的历史背景、文化底蕴、外部条件和内部条件，这势必要求每所学校都应该在国家课程和地方课程的基础上，充分认识到自己学校的特色，进行有特色的校本课程开发。

山东师范大学第二附属中学利用自己的优势进行的体验式校本课程的开发，体现了自己独特的办学宗旨，根据学校的特点、教育教学资源和学校环境，确立了自己独特的"体验式"发展方向。在开发过程中学校充分发挥教师的优势资源，促使各学科积极思考自身学科的"体验式"特点，完善本学科的特色课程体系；同时学校借助校本课程的研发无缝隙介入，让各学科的特色课程在学校"体验式"的指导思想下交叉融合，从而形成学校整体的校本课程架构，进而推动学校办学特色的优化，学校的教育品质得到了提升。

（二）体验式校本课程的开发密切了家校合作，彰显了家校合力对学生教育的促进作用

教育作为一项基础性的投资已被多数家长接受，中国家长特别重视孩子的教育，让孩子享受优质的教育资源已成为普遍的教育需求，校本课程开发强调自主决策、自主开发，因此能更好地适应本校学生发展的需求。研发过程中需要通过调查问卷、访谈等多种形式了解学生的成长经历和课程需要，了解家长对孩子的期盼和对学校的建议等，无形中增加了更多的家校沟通频次，创造了更广阔的家校交流平台。而基于学生特点和家长需求不断改进的体验式校本课程的内容，必定能最大程度上获得家长的认可。同时，在校本课程的实践过程中，多种体验式的课程实施形式决定了学生参与的同时需要更多地借助家长的力量，无疑为家校密切合作创造了更好的机会，对促进亲子关系、增强家庭教育的力度、提升家校教育合力的功效都具有促进作用。

比如在寒暑假实施的小课题研究，学生从选择研究课题到每个成员按研究计划搜索素材、进行论证，都需要老师的精心指导和家长的出谋划策；从课题小组体验探究、书写课题研究报告到最终的舞台分享展示，也要借助家长的陪伴和帮助。以2017级1班的"齐鲁传统文化"小课题研究为例，课题研究小组的研究内容有滕州剪纸、嘉祥石雕、葫芦烙画、菏泽瓷刻、大名草编，无一不是家长和孩子携手合作、共同探究的结果。有的是以家庭为单位带着研究小组回到家乡、探访非物质文化遗产传承人，有的是家长本身就具有深厚的祖传艺术功底，他们的课题研究过程就是亲子交流的舞台，就是孩子重新认识家长的过程。而他们的课题分享《赏巧手夺天工，品齐鲁韵悠扬》，更是精彩纷呈，研究小组的一名同学的父亲就是葫芦烙画的高手，他亲临现场为所有同学展示了他的才艺，不仅让每个学生叹为观止，也让家长有机会走进学校，与学生近距离接触。正如家长感叹："感谢学校有这样一

个小课题研究作业，让孩子对我增加了无限崇拜敬仰之情，也让我有机会走进孩子的世界，真正了解孩子。"正所谓"亲其师，信其道"，孩子对老师的尊敬势必会让老师的教育收效颇丰，而孩子对家长的认可也势必会让家庭教育发挥其应有的作用。而在我们的各种体验式课程中，像博物馆巡游、山东建筑大学巡游等课程的实施过程中，学校需要借助家长的力量，让家长参与到学校的教育活动中来，而家长在参与协助的过程中，不仅增加了和孩子的情感交流与积累，还有机会和老师深入沟通交流、紧密配合，从而让家校合作在实际中真实发生，"家校合力促进孩子的成长"由口号扎根到现实。

（三）体验式校本课程的实施提升了学校的社会地位，为其他学校提供校本课程开发与实施的范本

校本课程开发过程中，除了需要学校内部各因素协调运行、增强学校成员对学校发展目标的认同外，还需要借助学校的外部环境，充分整合学校内外的资源与人力，如校外专业人员、高校资源、媒体以及政府部门等。在与外界沟通的过程中，学校能不断调适课程实践、办学实践中与相关各方的配合，快速有效地回应和处理学生、家长、地方及社会的诉求，而且在与外界反复协调的过程中，加强了教师与家长、其他社会人员的沟通、合作能力，增强了学校各层次人员的团队意识。自体验式校本课程实施以来，上级主管部门对学校的认可度提高，学校承办了各种大型教育教学会议和学生活动，各类奖项纷至沓来；学校受到教育界和社会各界的青睐，参观取经、联谊共建数不胜数，学校影响力不断扩大，品牌效应逐渐形成。

1.学校受到社会各界的广泛认可，各类教育教学活动和大型会议在我校成功举办。

近两年来，建大校区承办了各种各样的区级教师活动，如历城区教体局

"三类学校"创建培训会议，历城区各种创客活动和信息技术比赛，历下区教体局体育新秀、新苗现场课比赛等；还承办了各种各样的学生活动，如历城区中小学足球、篮球、鼓号队比赛，历下区中小学羽毛球比赛等。

大大小小的会议、活动和比赛在我校举办，是上级主管部门和社会各界对学校的信任和青睐，也是对我校体验式校本课程实践的肯定，短短两年的时间，建大校区就承办了三次全省大型活动：

2018年11月，我校承办了由山东省教育科学研究院主办的"山东省基础教育发展共同体（初中学段）会议"，本次会议以"课程建设"为主题，本书主编房静，也是我校体验式校本课程开发的领头人，在会上作了"促进学科核心素养提升的学校课程建设"的专题发言，受到了现场300多位来自全省各地的专家、学校校长的一致关注和好评，这不但推动了我校校本课程的进一步发展，更是将我校的课程理念和课程建设经验在全省推广。

2019年10月，我校承办了由省关工委、省教育厅、省文明办、省电视台联合主办的"传承中华好家风 争做新时代好少年"启动仪式，让中华美德从家庭走向学校，从学校走向社会，让一个个优秀的新时代好少年将祖国的优良传统辐射向社会，带动和感染着每一个人。

2019年11月，我校承办了由山东省中小学师资培训中心主办的"山东省互联网+教师专业发展工程"初中化学学科省级工作坊会议，我校教师展示的优秀课例，充分展现出我们校本课程建设的显著成效。

2. 学校受到社会各界的深度青睐，各种参观访问团到校参观学习、联谊共建活动在我校开展。

短短两年时间，仅建大校区就承接了18个访问参观团，国内国外、省内省外、市内市外，大大小小的参观团都是慕名而来学习校本课程的研发、学习学校的管理经验。

（1）2018年5月9日，日本海星中学领导参观访问。

（2）2018年9月11日，芬兰教授参观访问。

（3）2018年10月17日，校长团参观。

（4）2018年10月24日，山东师范大学姚书记参观指导。

（5）2018年10月26日，广州、新疆客人参观。

（6）2018年10月26日，省教科院参观指导。

（7）2018年11月8日，威海参观团参观。

（8）2018年12月19日，长清区校长团参观。

（9）2018年12月20日，山东建筑大学宋涛副校长参观指导。

（10）2019年3月28日，呼和浩特校长团参观。

（11）2019年5月24日，新加坡客人参观访问。

（12）2019年6月21日，山东—湖南教育基金会参观交流。

（13）2019年9月28日，福建小学校长团参观。

（14）2019年10月10日，福建中学校长团参观。

（15）2019年11月5日，威海临港校长团参观。

（16）2019年11月28日，北京校长骨干教师参观。

（17）2019年12月4日，日本客人参观访问。

（18）2019年12月10日，山东师范大学参观团参观。

学校体验式校本课程的开发从前期调研预备，到课程的初步开发，再到课程的具体开发、课程的初步实施以及最后的课程评价、修改完善，整个过程不仅贴合了学校的实际，还始终体现了科学严谨的精神。课程各要素完整、顶层设计合理、保障体系完备有力、先进的理念引领……每一个环节、每一个步骤都给其他学校有效的示范，为其他学校校本课程的开发提供了可操作性的范本。

体验式校本课程坚持从学校实际出发、从生活实际出发、从学生需求出发，依托深厚的校园文化，借助学校现有的校园设施及社会资源，引领学生

超越课堂，走近自然、走向社会、走进生活、走进大学，在广阔的世界中发现问题、解决问题，鼓励学生"在生活中体验、在体验中成长"，使学生在情感态度、综合知识、实践能力、学会学习等方面得到了快速发展，培养了学生与人相处的能力、与自然相处的能力、与社会相处的能力，培养了他们的社会责任感和综合运用知识的能力，增强了他们的探索与创新意识。

　　未来，我们还将在体验式校本课程开发的道路上继续探索，让它发挥更大的价值，亦希望彰显本校特色的体验式校本课程能对学生、对教师、对学校、对社会提供积极的参考与借鉴。

附录1

山东师范大学第二附属中学校本课程开发实施方案

一、指导思想

全面贯彻党的教育方针，以党的十八大、十九大报告精神和《国家基础教育课程改革纲要》、学生发展核心素养为指导，紧密结合学校教育理念和办学指导思想：尊重个性，面向全体，挖掘潜力，主动发展。以"全面+特长+创新"为长远培养目标、"让学生成长为一个健康的人，懂得爱的人，对社会有益的人"为基本培养目标，以学生发展为本，尊重学生，信任学生，指导学生，促使每一个学生都得到个性发展，最终使教师、学生共同成长。

二、开发目标

1.通过校本课程的实施，培养学生的兴趣爱好，发展个性特长，拓展学生的知识领域，培养学生的团结合作意识，促进学生的个性发展和学科核心素养的发展。

2.通过校本课程的开发，提升教师的科研意识和研究能力，促进教师的专业发展。

3.通过校本课程的开发，丰富学校的课程体系，彰显学校特色，促进学校的内涵式发展。

三、开发原则

1.开放性原则：课程开发体现目标的多样性、内容的广泛性、时间空间的广域性、评价的多元化。

2.统一性原则：课程开发要和学科的教学目标、学校的整体目标、学校的办学特色相吻合，体现学校教育教学的统一性。

3. 以学生为本的原则：校本课程开发坚持"从学生中来，到学生中去"，真正满足学生的实际需求，并力求校本课程开发的有效性。

四、校本课程的开发步骤

（一）成立课程开发领导小组、实施小组和评价小组，对课程的开发和实施以及评价进行系统的规划，确保课程开发和实施的科学性、规范性、适应性和有效性。

1.学校校本课程开发领导小组。

组长：房静　　副组长：齐璐璐　郝尚民　陈庆越　董丰富　王牛颖　刘国静

成员：各学科教研组长及各级名师、学校首席教师、"210"工程培养人选

2.学校校本课程实施小组。

组长：齐璐璐 郝尚民　副组长：各学科教研组长

成员：各学科任课教师

3.学校校本课程评价小组。

组长：荆兆晶　　副组长：毛利新 王乐军 祁长和 房静

成员：齐璐璐 郝尚民 陈庆越 董丰富 王牛颖 刘国静

顾问：曾继耘 傅海伦 史洁 徐立乐

（二）理论学习

1.由课程开发领导小组组织相关人员进行校本课程相关理论学习。

2.由课程开发领导小组和实施小组共同组织教师进行专业知识培训。

（三）前期论证

1.组织校本课程开发的调研，充分了解教师及学生的需求，充分挖掘和利用各类课程资源，确定校本课程的各要素和具体内容。

2.学校课程开发领导小组根据实际情况审核校本课程。

（四）撰写课程纲要

课程纲要阐明以下几方面内容：

1.课程目标：全面、恰当、清晰地阐述课程涉及的目标与学习水平。

2.课程内容或活动安排。

3.课程实施：包括方法、组织形式、课时安排、场地、设备、班组规模等。

4.课程评价：主要对学生学业成绩的评定，涉及评定方式、记分方式、成绩来源等。

（五）校本课程开发

审核通过的校本课程，责任人负责组织教师在规定的时间内编写完成，并提交学校课程开发领导小组，学校课程开发领导小组负责聘请专家进一步审核并提出修改意见，直至校本课程开发完成。

（六）校本课程实施及评价

1.根据学校的教育教学计划，将开发的校本课程纳入正常的教学计划中，任课教师负责课程的实施和对学生课程学习情况的评价，学校校本课程评价小组负责对校本课程实施情况的评价。

2.学校将定期召开校本课程实施反馈总结会，及时发现校本课程实施过程中的问题并提出具体的修改意见，课程开发领导小组根据实际情况进行修改完善。

五、经费保障

学校保障校本课程的开发、编辑、实施、活动、评价及奖励。

山东师范大学第二附属中学

2017年9月

附录2

山东师范大学第二附属中学校本课程评价方案

为了确保校本课程开发和实施的科学、规范、有效，让校本课程真正成为国家课程和地方课程的有益补充，确保校本课程真正起到促进学生发展核心素养的发展、使学生成长为德智体美劳全面发展的社会主义建设者和接班人的作用，特制定本评价方案。

一、评价原则

1. 发展性原则。一方面通过评价促进学生、教师、学校三方面的发展；另一方面逐步完善校本课程，促进校本课程的发展。

2. 多元化原则。校本课程评价的多元化指的是内容、评价主体的多元化和评价方法、评价标准的多样化。包括校本课程开发情境和目标定位的评价分析、对校本课程方案的可行性评价、对校本课程实施过程的评价、对校本课程实施效果进行评价、对学生的参与程度及学习效果的评价，采取定量与定性评价相结合，可采用调查、问卷、访谈、档案袋等多种评价方法。

3. 连续性原则。在校本课程开发和实施的每一个环节上，都要进行评价，突出评价过程的连续性和动态性，从而促使校本课程的开发和实施的不断完善。

4. 可操作性原则。评价方法的选择要简单可行、易操作，过程性评价与结果性评价相结合。

二、评价内容

1. 对校本课程开发的准备、情境、资源等进行评价。包括学生的兴趣、爱好、特长和学生个人为满足自我个性化成长的需求，教师的教学能力、业务水平、特长等相关信息，教师对校本课程开发的态度以及对课程开发的相

关理论与技术的掌握情况，学校的办学特色以及学校文化，家长的期望与家长的教育理念和参与课程的能力，社区可提供的相关资源等。

2. 对校本课程的课程目标进行评价。主要是目标的可行性、针对性、是否是国家课程及地方课程的有益补充等方面。

3. 对校本课程的课程内容进行评价。主要是内容的可行性、针对性、难易度等方面。

4. 对校本课程的课程实施进行评价。主要是实施环节是否合理、课程实施是否扎实、教师的组织和管理能力等方面。

5. 对学生学业情况进行评价。主要是学生的参与度、学生情感态度、基础知识等方面的提升度、学生发展核心素养的发展等方面。

三、评价实施

1. 由课程评价小组及顾问对学校校本课程进行评价并提出建议和意见。

组长：荆兆晶　　　副组长：毛利新　王乐军　祁长和　房静

成员：齐璐璐　郝尚民　陈庆越　董丰富　王牛颖　刘国静

顾问：曾继耘　傅海伦　史洁　徐立乐

2. 评价细则

（1）问卷调查及访谈：由课程评价小组根据不同校本课程的特点编制针对学生、家长及教师的调查问卷和访谈提纲，并对问卷和访谈情况进行汇总，最终将汇总结果及建议报课程开发领导小组。

（2）评价量表

一级指标	二级指标	得分
校本课程开发情境	1.学校的办学指导思想	
	2.对于学校等课程资源的利用	
	3.有无前期调研	
	4.教师的教育教学水平及特长	
	5.教师对校本课程开发的态度	
	6.学生的原有水平及需求	
	7.家长对孩子发展的期盼及支持度	
校本课程目标	1.是否体现国家教育大政方针政策	
	2.是否促进学生核心素养的发展	
	3.是否符合新课标的要求	
	4.是否体现学校发展要求和培养目标	
	5.是否基于本校学生发展的需求	
	6.是否可行	
校本课程内容	1.是否是国家课程、地方课程的有益补充	
	2.是否有利于实现校本课程目标	
	3.有无增加学生负担	
	4.难易度是否与本校学生水平实际相符	
	5.是否符合本校学生发展的需求	
	6.是否可操作	
	7.是否有利于教师的专业化发展	
	8.是否有利于学校的发展	
校本课程实施	1.教师是否积极实施	
	2.学生是否积极参与	
	3.教师落实是否到位	
	4.学生学习效果	
	5.实施环节是否合理	
	6.学校是否给予足够的支持	
	7.家长是否给予足够的支持	

一级指标	二级指标	得分
学生学业评价	1.学生的知识与技能有无发展和提升	
	2.学生的情感态度有无增进	
	3.学生的与人合作、与人沟通等能力有无提升	
	4.学生的实践创新、责任担当、科学精神等核心素养有无发展	

说明：1.以上每项二级指标得分为0、1、2、3、4、5分，一律为整数，无小数位得分。

2.各一级指标得分需在该项总分的60%以上，否则视为不合格。

3.总得分在总分的60%以上的视为合格，需按照学校课程评价小组及顾问的意见和建议进行整改后，由课程评价小组及顾问进行重新评价，得分在总分70%以上的课程方可继续实施；得分在总分90%以上的可参与学校教科研成果奖励的评选；得分在总分60%以下的，学校将不再准予开课。

四、附则

1.本方案由课程评价小组负责解释。

2.本方案自2017年9月开始实施，凡与本方案冲突的行文以本方案为准。

山东师范大学第二附属中学

2017年7月

附录3

山东师范大学第二附属中学体验式校本课程开发方案

一、指导思想

全面贯彻党的教育方针，落实立德树人根本任务，发展学生核心素养，紧密结合学校教育理念和办学指导思想：尊重个性，面向全体，挖掘潜力，主动发展。以"全面+特长+创新"为长远培养目标、"让学生成长为一个健康的人，懂得爱的人，对社会有益的人"为基本培养目标，培养德智体美劳全面发展的社会主义建设者和接班人。

二、开发目标

1. 通过开发和实施体验式校本课程，为学生创设真实情境，增强学生的学科体验，培养学生的创造创新能力和运用学科知识的能力，促进学生学科核心素养的发展。

2. 通过开发和实施校本课程，提升教师的科研意识和研究能力，促进教师的专业发展。

3. 通过开发和实施体验式校本课程，丰富学校的课程体系，促进学校发展、扩大学校影响。

三、开发理念

1. 促进学生学科核心素养的发展。体验式校本课程因体现真实情境、实践运用、亲身体验等特点，着力发展学生的学科核心素养。

2. 知行合一的思想。体验式校本课程应体现"生活即教育，教学做合一"的思想。

3. 人本主义思想。体验式校本课程应以学生为主体，重视学生的认知结构，尊重学生的差异和自我选择，让学生在原有认知结构的基础上发展思维

和解决问题的能力。

4.多元智能理论。体验式校本课程应体现"因材施教"，根据学生的实际设计课程内容，允许拥有不同智力的学生完成不同的任务。

四、开发步骤

（一）调研预备。成立课程开发领导小组，学习国家教育方针政策、《中国学生发展核心素养》、《普通高中课程方案和语文等学科课程标准（2017年版）》、初中各学科课程标准确定课程目标、学校相关文件等，进行前期调研，确保课程内容、课程实施和课程评价等科学、有效。

体验式校本课程开发领导小组

组长：**房静**   副组长：**齐璐璐 董丰富 王牛颖**

成员：**各学科组长及各级名师、学校首席教师、"210"工程培养人选**

（二）初步开发。在课程开发领导小组进行了充分的前期理论学习和实践调研的基础上，对课程进行初步开发，确定体验式校本课程的课程目标、课程实施、课程内容和课程评价等内容，提交学校课程开发领导小组和专家审议。

（三）具体开发。经学校课程开发领导小组和专家审议通过后，着手编写体验式校本课程的课程目标、课程实施、课程内容和课程评价等，并编制具体使用的课程手册。

（四）初步实施。按照体验式校本课程各要素的要求进行实施，并记录实施过程中出现的问题。

（五）评价、修改、完善。根据学校课程评价小组及专家顾问的意见和建议，对体验式校本课程进行修改和完善，为课程的再次实施做准备。

山东师范大学第二附属中学

2017年9月

附录4

初中体验式校本课程开发的基本规范

校本课程指的是学校在保证开齐开全并确保国家和地方课程的效果的前提下，对本校学生的需求进行科学评估，充分利用当地社区和学校的课程资源开发的多样性的、可供学生选择的课程。而体验式校本课程指的是依据学科核心素养，在充分关注学生已有经验和发展需求的基础上，整合校内外多样化的学习资源，以系列化主题实践活动为基本内容，以情境创设和活动体验为基本方式的一种课程形态。

一、体验式校本课程开发的依据

（一）制度依据

2001年6月，教育部《基础教育课程改革纲要》着重指出："新课程的培养目标应体现时代要求。要使学生具有初步的创新精神、实践能力、科学和人文素养以及环境意识；具有适应终身学习的基础知识、基本技能和方法；具有健壮的体魄和良好的心理素质，养成健康的审美情趣和生活方式，成为有理想、有道德、有文化、有纪律的一代新人。"在具体目标设定上，这样规定："改变课程内容难、繁、偏、旧和过于注重书本知识的现状，加强课程内容与学生生活以及现代社会和科技发展的联系，关注学生的学习兴趣和经验，精选终身学习必备的基础知识和技能。改变课程实施过于强调接受学习、死记硬背、机械训练的现状，倡导学生主动参与、乐于探究、勤于动手，培养学生搜集和处理信息的能力、获取新知识的能力、分析和解决问题的能力以及交流与合作的能力。"

2014年教育部《关于全面深化课程改革、落实立德树人根本任务的意见》中明确提出"研究制定我国各学段学生发展核心素养体系"。2016年9

月，中国学生发展核心素养研究成果面向社会公布，主要指学生应具备的，能够适应终身发展和社会发展需要的必备品格和关键能力。中国学生发展核心素养，以科学性、时代性和民族性为基本原则，以培养"全面发展的人"为核心，分为文化基础、自主发展、社会参与三个方面。综合表现为人文底蕴、科学精神、学会学习、健康生活、责任担当、实践创新六大素养，具体细化为国家认同等十八个基本要点。

山东省教育厅陆续发布了《山东省推进中小学生研学旅行工作实施方案》《关于推进基础教育综合改革的意见》《山东省教育质量综合评价指导意见》《完善初中学业考试和综合素质评价制度的指导意见》等。这些文件和制度的出台，为体验式校本课程的开发指明了方向，也给出了依据。

（二）理论依据

1.知行合一的思想。明朝著名思想家、教育家王阳明第一次明确提出并论证了"知行合一"的问题。王阳明认为知行尽管可以分为两个方面说，但不能"分为两截"去做，知不离行，行不离知，两者互为表里，不可分割。因此他谈到"求理于吾心，此圣门知、行合一之教，吾子又何疑乎？"[1]；孙中山先生也曾提出"行其所不知以致其所知"，号召大家在行中求知；伟大领袖毛主席指出"实践是检验真理的唯一标准"，提倡"知行合一"；而真正在教育范畴提倡"知行合一"并付诸行动的则是人民教育家陶行知先生，他强调生活即教育、教学做合一、行是知之始，即教育应该发生在生活中、社会中，教法、学法、做法是不可分割的，教法、学法都来源于做法、统一于做法。这些都表明亲身实践和体验对于学习来说是十分重要的，体验式校本课程应该体现"知行合一"的思想。

2.人本主义思想。当代的人本主义教育思想是以马斯洛和罗杰斯等人为

---

[1] "知行合一"的道德教育论，中国幼教网，2008.

代表的人本主义心理学思潮的兴起为先导的。"人本主义教育学倡导教人、做人、成人的教育，以期达到自我实现；主张将情智融为一体，开展以学生为中心的学习；并主张进行课程改革，实施意义学习和经验学习；认为学习是一种人际的相互影响，在学习的过程中，要充分发挥教师'促进者'的作用。在课程设置方面，人本主义教育学反对'非人性化'的学问中心课程，主张同时开设学术性课程、情意课程和自我实现课程。"[1]人本主义思想重视人的自我实现，重视学习者的认知结构，强调个性与创造性的发展，主张给学习者学习的自由和自我选择、自我发现的机会，为学习者提供开放的、探索式的学习环境，发展学习者的思维和解决问题的能力。

3. 多元智能理论。20世纪80年代美国著名心理学家和教育家加德纳提出了多元智能理论，该理论认为人类的思维和认识方式是多元的，他提出了具体的 8 种智力，即语言智力、逻辑——数学智力、视觉——空间智力、音乐——节奏智力、肢体——动觉智力、人际交往智力、内省智力、关于自然的智力，每一个人都具有不同类型的智力中的一种或其中几种，每个人生来的智力水平都是不同的，但是在后天的学习中，教师可以教学生学习他们原来没有或者较弱的智力，学生也可以根据自己的意愿去学习自己原本没有或表现力较差的智力。因而，在教育过程中我们要持积极乐观的态度，相信每个学生在智力组合的类型上都各具特色、各有所长，在发展的方向上存在一定的差异，我们要充分发挥学生的优势，因材施教，既要根据学生的实际设计课程内容，允许拥有不同智力的学生完成不同的任务，又要根据不同的学生采取不同的教学方式，根据每个人的不同特性进行正确的引导。

4.发现学习论。该理论由美国著名心理学家布鲁纳提出，并成为 20 世纪最为经典的学习理论之一。布鲁纳认为，学生的学习行为虽然受环境等各种

[1] 车文博．人本主义心理学[M]．杭州：浙江教育出版社，2003：437．

因素的影响，但更重要的是独自遵循他自己特有的以直觉思维为主的认识程序。因此，课程与教师的作用是要形成一种学生能够独立探究的情境，而不是仅仅提供现成的知识。发现学习理论特别强调学生学习的过程不是记住课程内容的过程，而是通过课程与教师激发想象，边做边想，边想边做，自主思考，甚至在不断地"试误"（缺乏相关知识背景的情况下）中掌握正确的方法，以此主动获取知识并建立起属于自己的关于该课程知识体系的过程。

（三）课程结构建设

体验式校本课程的基本结构必须要以体验为主线脉络。需要调动学生学习的积极性，为学生展现自身的创造性留有空间。其课程目标大多着眼于学生的实际需要，增加体验活动，培养学生自主探索、勇于实践的能力，培养学生的科学态度、社会责任感和使命感。体验式校本课程在内容的选取上应基于问题，并考虑是否适合进行体验。

三、体验式校本课程开发内容应遵循的原则

（一）开放性

课程开发体现目标的多样性、内容的广泛性、时间空间的广域性、评价的多元化。

（二）统一性

课程开发要和学科的教学目标、学校的整体目标、学校的办学特色相吻合，体现学校教育教学的统一性。

（三）以学生为本

校本课程开发坚持"从学生中来，到学生中去"，真正满足学生的实际需求，并力求校本课程开发的有效性。

四、体验式校本课程申报的具体要求

（一）课程要素完整

课程要素是理解课程的重要途径。课程从开发就要按照规范的格式进

行，要求课程要素的完整性。

1. 课程目标。制定课程目标，首先要明确教育目的和培养目标，以便确保这些要求在课程中体现并通过课程的实施得以实现；其次要对学生的特点、社会的需求、学科的发展等各个方面进行深入的研究，从而确保课程目标的有效性。课程目标应遵循现实性（即是否符合实际情况、可操作），全面性（即促进学生德智体美劳全面发展），平衡性（即多学科的共同发展）以及针对性（即符合学校实际、学情等）原则，还应关注教师的教与学生的学以及课程内容与社会需求的关系等。

2. 课程内容。体验式课程类型主要分为两大类：学科体验式课程和活动体验式课程。两大类中又涵盖诸多小类别的体验式课程。学科体验式课程是以学科课程标准以及学科核心素养为课程目标，将体验理念融入学科课程内容的筛选、教学方式的选择以及评价方式的运行等方面。活动体验式课程，并不局限于某一学科或相关学科，而是以学生全面发展为目标的体验式课程。

3. 课程实施。课程实施是一个动态的过程，在实施的过程中，执行者应按照实际的情况对课程进行一定的调适以便让课程内容更好地符合学生的特点和发展需求，从而更好地实现课程目标。总之，课程实施是将规划的课程付诸实际教学行动的实践历程。

4. 课程评价。评价主体要进行统筹规划，对学校的课程发展过程或课程成品进行系统而有计划的资料收集与分析，评判价值的同时诊断学校课程存在的问题。为了使课程评价更加客观、有效、真实，评价主体应该多元化，由学校管理者、教师、学生、家长、专家等多元主体共同参与，借助灵活多样的方法，实现对校本课程的规划、设计、实施及结果等进行客观描述和价值判断。

（二）文本撰写规范

体验式校本课程开发的文本，是指体验式校本课程开发的有关文件，如《体验式校本课程开发指南》《某某学科体验式校本课程开发方案》等。这些文件的规范撰写、规范呈现、规范学习、规范管理，从某种意义上决定着体验式校本课程开发实践的科学水平。因此，在校本课程开发实践中，我们必须十分注重体验式校本课程开发的文本规范。在撰写文本的过程中，需根据文本的不同作用、重点和内容，进行规范撰写和表述。学校层面的体验式校本课程开发方案，是学校关于体验式校本课程开发总体思路的概略性描述，大致包括下列几项基本内容：

1.体验式校本课程的开发依据。一是简介体验式校本课程开发的政策依据；二是描述本校学生的实际需要和特点，主要说明体验式校本课程开发需要的空间；三是描述本校的现有资源条件，主要说明体验式校本课程的现实基础和条件限制；四是描述学校的办学理念思路，主要说明学校发展导向等。

2.体验式校本课程开发的总体目标。主要阐述开发体验式校本课程的目的和作用，大致从学生发展、教师发展和学校发展三个层面描述，但重点是引导和促进学生均衡而有个性的发展。

3.体验式校本课程的大致结构。概括描述校本课程的种类，每种课程的内容、重点、特点、课时要求及限制性条件等。

4.学生选课说明。选课说明主要写明课程目录、课程内容、选课方法、选课要求及考核参数等。

5.体验式校本课程开发的实施保障措施。从多角度阐述保证体验式校本课程顺利开发的各种保障措施等。

而教师层面的体验式校本课程开发方案，与学校体验式校本课程开发方案的撰写有不同要求。教师个人层面的体验式校本课程开发方案需更具体、

更细致，要求教师具体写出"课程名称""课程性质与类型""课程教学材料""授课对象""学习时限""教学活动安排""考核评价办法"等。

（三）遵循开发流程

1.通过多种常态调研手段进行前期调研。了解学生对于本学科现有课程的感受、意见和建议，反思自身对本学科发展核心素养的理解程度、对于素养如何落地以及课程开发的设想，了解家长对于学生发展的期盼以及可以提供的资源支持等。

2.研究高中学科核心素养，找准初中阶段与之衔接的切入点。反复学习中国学生发展核心素养、国家颁布的高中对应学科核心素养、该学科课程标准，结合学生的现状和发展需求，找到初中与高中学段该学科核心素养的衔接点。

3.树立正确的体验式校本课程开发理念。体验式校本课程要促进学生学科核心素养的发展，体现知行合一的思想、人本主义思想、多元智能理论、发现学习理论等。

4.遵循学校的课程申报、审批与评价制度。

（1）课程申报（每学期寒假及暑假）：教师按学校要求填写申报表交至校本课程开发领导小组等待审批。

（2）课程审批（每学期开学前1周）：校本课程开发领导小组根据学校当年课程设置要求，按"通过""建议修改""不通过"进行课程审批。

（3）课程编录（每学期开学第2周）：校本课程实施小组最后将通过的课程交教务处，编入新学期体验式课程选课系统。

（4）学生选课（每学期开学第3周周末）：学生根据学校的要求在规定时间内完成选课，保证正常上课。

（5）中期检查（每学期期中）：校本课程实施小组对课程实施情况进

体验与成长
TIYAN YU CHENGZHANG

行中期检查。

（6）课程考查（每学期期末考试前一周）：学期课程结束前进行，考查结果上报课程评价小组。

山东师范大学第二附属中学体验式校本课程开发申报表

申报人	郭燕飞		课程名称	山东省博物馆巡游
课程性质与类型	课程性质：综合实践 课程类型：跨学科体验式课程			
拟开课具体时间	每年四月中上旬校园活动周			
授课对象	七年级全体学生	学习时长		一周
课程教学材料	《博物馆巡游礼仪》《走进山东省博物馆》《博物馆巡游注意事项》			
教学活动安排	第一、二天：带领学生学习考古相关理论知识。 第三天：带领学生学习《走进山东省博物馆》，了解馆藏资源。 第四天：学生小组合作，参考《任务单设计说明》自主制定"场馆寻宝任务单"。 第七天：任务单上缴、综合评价。 附：《博物馆巡游礼仪》《博物馆巡游注意事项》《任务单设计说明》			
考核评价办法				
体验式校本课程开发领导小组意见	□通过　　　□建议修改　　　□不通过			

（四）学生评价多样化

对参与体验式校本课程的学生进行评价，要突出时代性、校本性和实效性，切忌以分数作为标准，实行教师教育教学质量动态管理和学生学业成绩

与成长记录相结合的综合评价方式。通过评价要素多元化和评价方式的多样性，体现多元评价的新理念。让校本课程真正成为国家课程和地方课程的有益补充，确保校本课程真正起到促进学生发展核心素养的发展、使学生成长为德智体美劳全面发展的社会主义建设者和接班人的作用。

五、完善的体验式校本课程管理体系

（一）严格的"申报——审核"程序

为保障体验式校本课程与学校课程建设有机结合，学校需成立体验式校本课程开发领导小组、课程实施小组和课程评价小组对教师申报的体验式校本课程方案进行审核通过、监督实施、期末评价，确保课程开发和实施的科学性、规范性、适应性和有效性。审核的指标一般包括体验式校本课程的开发情境、课程目标、课程实施、课程开设时间、学生学业评价标准等。

（二）持续的监管与评价

在获得审核之后开课，学校体验式校本课程进入实施阶段。试行一个学期之后，学校课程实施小组与评价小组对试行阶段的课程实施情况进行评价，总得分在总分的60%以上的视为合格，需按照学校课程评价小组及顾问的意见和建议进行整改后，由课程评价小组及顾问进行重新评价，得分在总分70%以上的课程方可继续实施，取得持续开课资格的体验式校本课程可以纳入学校的课程管理体系；得分在总分90%以上的可参与学校教科研成果奖励的评选；得分在总分60%以下的，学校将不再准予开课。得分在总分90%以上的可参与学校教科研成果奖励的评选。

附：体验式校本课程审核评价指标

一级指标	二级指标	得分
校本课程开发情境	1.学校的办学指导思想	
	2.对于学校等课程资源的利用	
	3.有无前期调研	
	4.教师的教育教学水平及特长	
	5.教师对校本课程开发的态度	
	6.学生的原有水平及需求	
	7.家长对孩子发展的期盼及支持度	
校本课程目标	1.是否体现国家教育大政方针政策	
	2.是否促进学生核心素养的发展	
	3.是否符合新课标的要求	
	4.是否体现学校发展要求和培养目标	
	5.是否基于本校学生发展的需求	
	6.是否可行	
校本课程内容	1.是否是国家课程、地方课程的有益补充	
	2.是否有利于实现校本课程目标	
	3.有无增加学生负担	
	4.难易度是否与本校学生水平实际相符	
	5.是否符合本校学生发展的需求	
	6.是否可操作	
	7.是否有利于教师的专业化发展	
	8.是否有利于学校的发展	
校本课程实施	1.教师是否积极实施	
	2.学生是否积极参与	
	3.教师落实是否到位	
	4.学生学习效果	
	5.实施环节是否合理	
	6.学校是否给予足够的支持	
	7.家长是否给予足够的支持	

一级指标	二级指标	得分
学生学业评价	1.学生的知识与技能有无发展和提升	
	2.学生的情感态度有无增进	
	3.学生的与人合作、与人沟通等能力有无提升	
	4.学生的实践创新、责任担当、科学精神等核心素养有无发展	

说明：以上每项二级指标得分为0、1、2、3、4、5分，一律为整数，无小数位得分。

附录5

山东师范大学第二附属中学体验式学习评价表

山东师范大学第二附属中学建大校区课题评价表							班级：		
组号	课题名	同组成员						评价结果		
		学号	姓名	学号	姓名	学号	姓名	初审	二审	终审

注：1.一次可选择一个或多个课题进行研究；可以一人独立研究，也可多人组成课题组进行研究，1个课题组最多不超过6人，学号只写后两位即可。2.评价结果要求：A优秀（约占30%），B良好（约占50%），C合格（约占20%）。

216